\ 詳細解説 /

電子申告義務化とその対応

TKC全国会　中堅・大企業支援研究会
税理士法人長谷川&パートナーズ
税理士
長谷川 暢彦

株式会社TKC　執行役員
電子申告義務化プロジェクト推進室長
富永 倫教
【共著】

税務研究会出版局

はじめに

我が国の行政の電子化は諸外国に比べかなり遅れており、早急に高度情報化社会に対応する必要がありました。その中で、平成13年に内閣においてIT戦略本部が設置され、「e-Japan戦略」が決定されました。この「e-Japan戦略」では全ての国民がITを積極的に活用し知識創発型社会の実現に向け、市場原理に基づき民間が最大限に活力を発揮できる環境を整え、５年以内に世界最先端のIT国家になることを目指す旨の宣言がありました。

平成15年に「e-Japan戦略」を受け、行政手続オンライン化関係三法が施行され、行政機関への申請・届出等の手続についてはオンラインによる電子手続が可能となりました。

税務関連の手続についても平成16年に電子申告が国税からスタートし、平成17年には地方税も利用可能となりました。

令和元年度における法人税の電子申告割合は87.1％となっていますが、資本金１億円超の大法人に限るとまだ利用率は低い状況であり、さらに一部の税目のみあるいは添付書類は書面による提出となっているといったアンケート結果もあります。

こういった中、事業者が負担に感じている行政手続をさらに削減し、企業の生産性向上を図る目的で、利用率が遅れており、かつ、行政手続コストの削減効果が見込める大法人の電子申告を義務化し、令和２年４月開始事業年度から適用することとされました。

本書では、こういった電子申告義務化の経緯や内容を整理するとともに、電子申告の利便性向上施策について触れています。

さらに、実務を行う上で最難関と考えられる添付書類（財務諸表、勘定科目内訳明細書等）の具体的な対応方法について詳しく解説しています。また、現行の連結納税制度の下での電子申告の対応のほかに、令和４年４月から開始するグループ通算制度における電子申告の対応についても解説しています。

なお、昨今の経済情勢の変化により仮決算による中間申告を検討する企業も相当数あると推察しております。本書が発刊される頃は、３月決算の電子申告義務化対象法人が仮決算による中間申告を電子申告で行う時期とかさなりますので、その点についても詳しく解説しています。

電子申告「義務」化という言葉を聞くと事業者に負担を強いるイメージを持たれるかもしれませんが、これを機に社内あるいはグループ全体での業務の効率化につなげている企業もあり、むしろプラスの面も多分にあります。さらには国家全体で取り組んでいる行政コストの削減効果もひいては事業者に効率化メリットを享受できるものと考えております。

そのために本書が読者の皆様の一助になれば幸いです。

最後になりましたが本書の執筆にあたり、企画にご協力いただいた税務研究会の品田幸雄、藤田隆の各位に深く感謝いたしますとともに、入稿後短時間での編集・刊行にご尽力いただいた税務研究会出版局の加島太郎、田中真裕美の各位には厚く御礼申し上げます。

2020年10月

TKC 全国会　中堅・大企業支援研究会

税理士法人　長谷川&パートナーズ

税理士　長谷川　暢彦

株式会社 TKC 執行役員　電子申告義務化プロジェクト推進室長

富永　倫教

目　次

第1章

電子申告義務化の経緯

I　電子申告の進展

はじめに、電子申告はどのような経緯でスタートしたのかを確認しておきます。

1　IT 総合戦略本部の設置と「e-Japan 戦略」（平成13年）

首相官邸のホームページに「高度情報通信ネットワーク社会推進戦略本部（IT 総合戦略本部）」のサイト（https://www.kantei.go.jp/jp/singi/it2/）があり、そこには以下の記載があります。

> 情報通信技術（IT）の活用により世界的規模で生じている急激かつ大幅な社会経済構造の変化に適確に対応することの緊要性にかんがみ、高度情報通信ネットワーク社会の形成に関する施策を迅速かつ重点的に推進するために、平成13年１月、内閣に「高度情報通信ネットワーク社会推進戦略本部（IT 総合戦略本部）」が設置されました。

平成13年に内閣にIT 総合戦略本部が設置され、同年１月22日に「e-Japan 戦略」が決定されました。「e-Japan 戦略」の冒頭では「我が国は、すべての国民が情報通信技術（IT）を積極的に活用し、その恩恵を最大限に享受できる知識創発型社会の実現に向け、早急に革命的かつ現実的な対応を行わなければならない。市場原理に基づき民間が最大限に活力を発揮できる環境を整備し、５年以内に世界最先端のIT 国家となることを目指す。」（出典：首相官邸ホームページ　https://www.kantei.go.jp/jp/singi/it2/kettei/010 122gaiyou.html）とあり、IT 国家を目指す旨の宣言がありました。この中で、「2003年までに、国が提供する実質的にすべての行政手続きをインターネット経由で可能とする。」と定められ、行政手続きのオンライン化が明確に示されました。電子申告のスタートはこのIT 総合戦略本部の設置と「e-Japan 戦略」であったといえるでしょう。

2　行政手続オンライン化法の施行（平成15年）と電子申告の開始（平成16年）

1の「e-Japan 戦略」を受け、平成15年には「行政手続等における情報通信の技術の利用に関する法律（行政手続オンライン化法）」（平成14年法律第151号）が施行され、この際に行政手続オンライン化関係三法として、①上述の「行政手続等における情報通信の技術の利用に関する法律（行政手続オンライン化法）」と、②「行政手続等における情報通信の技術の利用に関する法律の施行に伴う関係法律の整備等に関する法律」（整備法）、③「電子署名等に係る地方公共団体情報システム機構の認証業務に関する法律」（公的個人認証法）が整備されました。電子申告に必要となる電子署名についても行政手続オンライン化法の流れで規定されたことは、注目すべきと考えています。そして、行政手続オンライン化法により、行政機関への申請・届出等の手続については、書面による手続に加えてオンラインによる電子手続が可能となり、税務関連の手続についても、平成16年２月から「国税電子申告・納税システム（e-Tax）」、平成17年１月から「地方税ポータルシステム（eLTAX）」の利用が開始されました。

3　電子申告の進展状況

⑴　法人税電子申告の進展状況

平成16年２月に名古屋国税局管内の納税者を対象にスタートした国税庁の「国税電子申告・納税システム（e-Tax）」は、その後、順次対象地域・対象手続を拡大し、利用率が右肩上がりに推移しています。以下に国税庁作成の「TKC 電子申告セミナー」資料の一部から進展状況を確認します。

資料1-1-1 ▶ e-Taxの利用率の推移とこれまでの取組

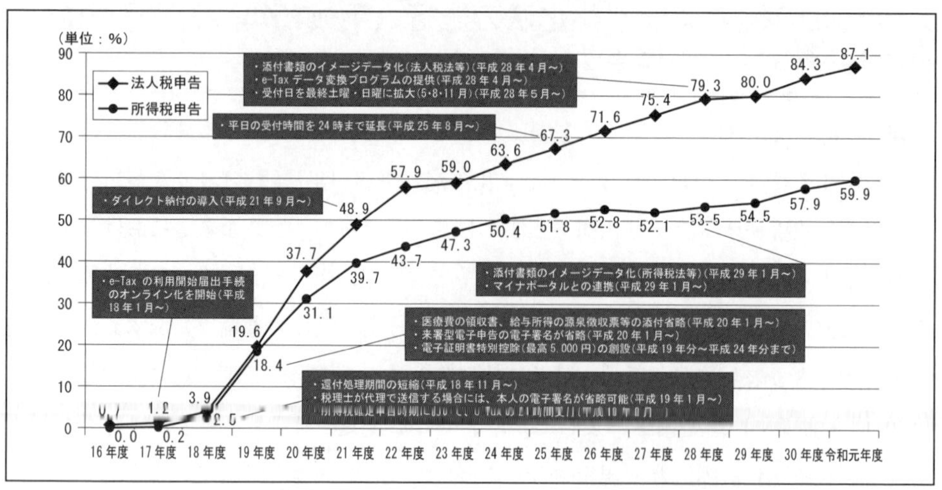

出典：「TKC電子申告セミナー」（2018年10月）国税庁作成資料一部加工

こちらの表では、平成16年度から令和元年度までの法人税申告、所得税申告のe-Tax利用率をグラフで確認することができます。平成19年度に法人税申告・所得税申告両方で利用率が大幅に増加していますが、これは平成19年1月から税理士が代理送信する場合には納税者本人の電子署名が省略可能となったことが大きな要因と捉えています。さらに、税務調査の場での所轄税務署からの電子申告利用勧奨や、表にあるような各種の電子申告利用環境の整備への取組がなされることにより、その後も順調に利用率は右肩上がりで推移し、平成29年度には法人税申告でe-Tax利用率が80%となっており、令和元年度では9割に迫る利用割合となっています。

(2)　大規模法人（調査部所管法人）での電子申告の進展状況

一方で、電子申告の実施状況を法人の規模別に確認すると、規模の大きな法人ほど電子申告の実施割合が低い状況となっています。次に、国税庁作成の「TKC電子申告セミナー」資料の一部から実施状況を確認します。

資料1-1-2 ▶ e-Taxの利用率の推移

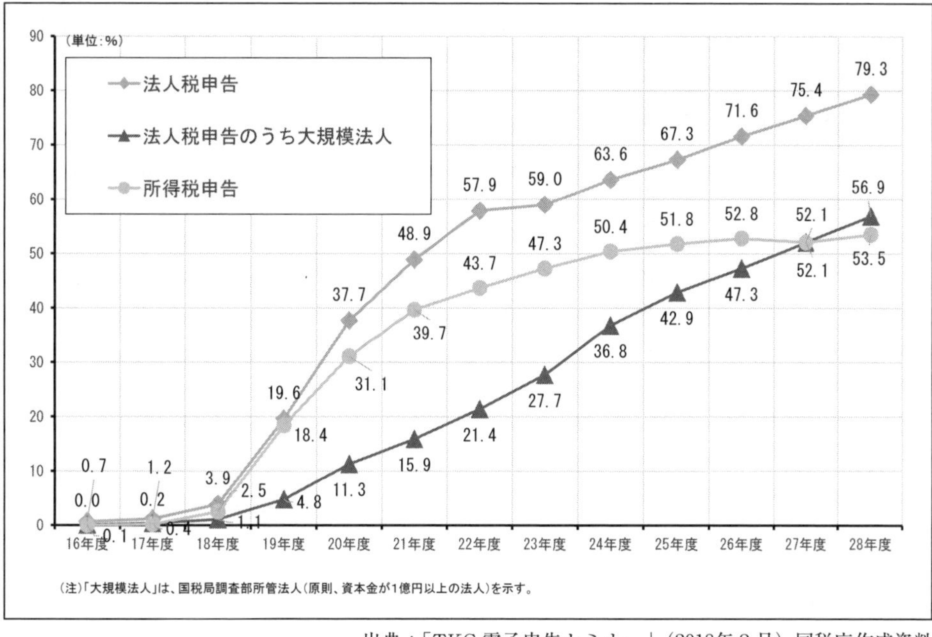

出典：「TKC電子申告セミナー」（2018年8月）国税庁作成資料

この表では平成16年度から28年度までの法人税申告全体でのe-Tax利用率と、法人税申告のうち大規模法人でのe-Tax利用率を確認することができます。表のとおり大規模法人では一貫して全体の利用率よりも低い割合で、平成28事務年度で56.9%の利用率に留まっています。中小法人は税理士による代理送信などにより多くの法人が電子申告しているものの、大法人では利用率が全体と比較して一貫して低く、なおかつ、一部の税目のみを電子申告するなど普及がかなり遅れています。このことから冒頭にご紹介したIT総合戦略本部が掲げた「e-Japan戦略」で目標としていたIT国家の実現には程遠く、納税者並びに税務行政の業務効率化が実現できているとは言い難い状況となっています。

ポイント

1. 電子申告は、IT国家の実現のため「行政手続きをインターネット経由で可能とする」施策の一環として実施されている。
2. 平成16年2月からスタートした法人税の電子申告は右肩上がりで実施が増えてきており、e-Tax利用率は令和元年度には87.1%となっている。しかし、大法人での利用率は低い状況となっている。

Ⅱ　市場調査結果に基づく電子申告実施状況

それでは、実際に今回の電子申告義務化の対象となっている資本金１億円超の法人は、電子申告にどこまで取り組んでいるか、もう少し詳細を確認してみます。

株式会社 TKC では、市場調査会社の協力を得て令和元年９月に電子申告に関する大規模な市場調査を実施しました。その概要と調査結果を以下にご紹介します。

なお、調査結果の詳細は TKC のホームページ（https://www.tkc.jp/news/2019/20191118）から確認することができます。

1　調査概要

⑴　調査目的

令和２年４月以降開始する事業年度から義務付けられる大法人「電子申告義務化」への認知・対応状況・対応阻害要因などを把握するために実施

※大法人とは、資本金が１億円を超える法人

⑵　調査期間

令和元年９月18日（水）～令和元年９月21日（土）

⑶　調査方法

インターネット定量調査

⑷　調査対象

経営者・役員、会社員（財務・会計・経理部門所属）かつ資本金が１億円を超える企業に勤務している人

⑸　回答者数

1,000人

⑹　調査内容

申告業務の現状（税務申告の作成・提出、業務課題など）

電子申告義務化（認知や理解、電子申告の実施状況、電子申告の課題や懸念、等）

⑺　調査主体

株式会社 TKC

2 調査結果から見た電子申告実施状況

以下の項目で、法人税申告書の電子申告実施状況を調査しています。

質問：

「税目における電子申告の実施状況について、あてはまるものを選択してください。」

選択肢（次の４つから１つを選択）：

○「全て紙で申告している」

○「紙と電子の併用で申告している」

○「全て電子で申告している」

○「わからない／答えられない」

調査結果は、次の表のとおりです。

資料１－２▶税目における電子申告の実施状況

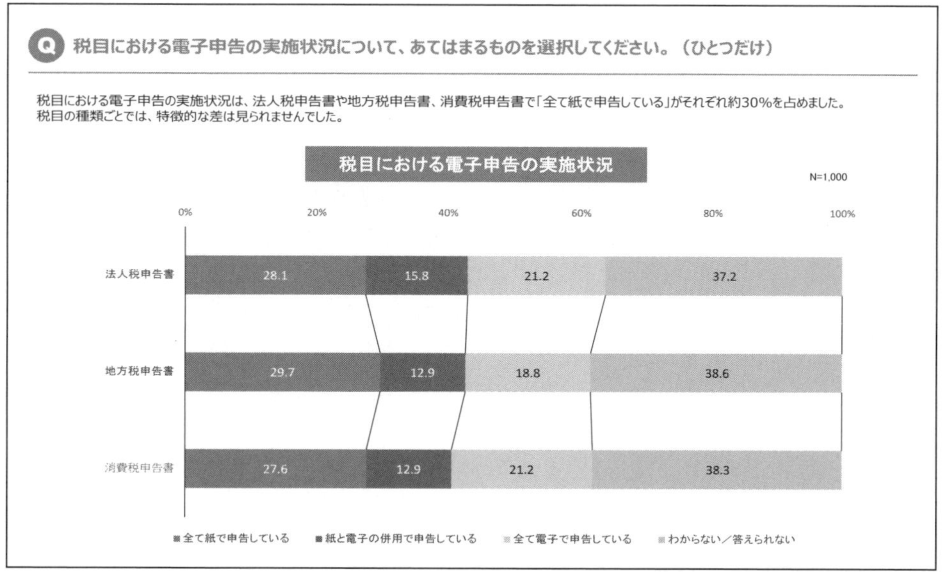

出典：株式会社 TKC「大法人の電子申告義務化に関する調査レポート」

こちらの調査結果から、法人税申告書については28.1％が「全て紙で申告している」ことが分かります。「わからない／答えられない」の割合が37.2％と多いことから、「わからない／答えられない」を除外した回答を母集団とすると、「全て紙で申告している」が43.2％、「紙と電子の併用で申告している」24.3％、「全て電子で申告している」32.6％となります。「紙と電子の併用で申告している」と「全て電子で申告している」

を合わせると56.9%となり、先ほどの大規模法人のe-Tax利用率56.9%と同じ結果となりますが、実態としてはe-Taxを利用していても書面との併用が多い現状をうかがい知ることができます。実際に、著者も多くの企業実務担当者から「所轄税務署から電子申告実施の強い勧奨があり、別表1等の主要別表だけ電子申告しています。」というようなコメントを受けており、全て電子で申告しており電子申告義務化に完全対応できている企業はまだ少数派であると推察しています。

ポイント

電子申告実施企業でも「書面と電子の併用で申告している」企業は多い。

電子申告義務化に向けた動向 －規制改革推進会議での議論－

電子申告スタートのきっかけ、電子申告の実施状況を確認したところで、続いてなぜ大法人に電子申告が義務化されたのか、ここでは義務化の背景を理解することで、電子申告義務化の狙い等を確認していきます。

1 日本再興戦略2016と内閣府「規制改革推進会議」

(1) 日本再興戦略2016の狙い

平成28年６月２日に「日本再興戦略2016」が閣議決定され、「世界で最もビジネスしやすい国」を目指すため、「事業者目線で規制改革、行政手続の簡素化、IT 化を一体的に進める新たな規制・制度改革手法の導入」を実施することとなりました。

「日本再興戦略2016」（抜粋）を以下にご紹介します。

資料１-３-１▶日本再興戦略2016（抜粋）

日本再興戦略2016（抜粋）（平成28年６月２日閣議決定）

第１　総論

Ⅰ　日本再興戦略2016の基本的な考え方

（新たな規制・制度改革メカニズムの導入）

「世界で最もビジネスしやすい国」を目指して、更なる改革を進めるため、新たに二つの改革メカニズムを導入する。

（中略）

第２に、事業者目線での規制・行政手続コストの削減である。これまで、政府では、規制改革、行政手続簡素化、行政手続のIT 化は、別々に進められてきた。しかしながら、事業者からすれば、全体としての規制・行政手続コストが、競争力を左右する要因であり、投資を国内で行うか海外に持っていくか、の決定要素となる。このため、規制改革、行政手続の簡素化、IT 化を一体として、事業者目線で規制・行政コスト全体を削減する、新たなメカニズムを導入する。

ここでの「行政手続コスト」とは、行政サイドで発生している事務手続のコストではなく、民間の事業者が行政（国、地方公共団体等）に対して行う事務手続で発生するコストを示しています。「日本再興戦略2016」に示されているとおり、わが国では行政手続コストが高く、現に国際競争力を阻害する要因となっているとの危機感から、行政目線ではなく、実際に事務手続を負担している事業者目線で行政手続コストの削減を図ることが宣言されています。

(2) 平成28年　規制改革推進会議令の制定と行政手続部会の設置

日本再興戦略2016を受けて、平成28年9月7日に内閣府設置法第37条第2項の規定に基づき、規制改革推進会議令が制定され、9月12日に開催された第1回規制改革推進会議にて行政手続部会が設置されました。

行政手続部会は、規制改革推進会議の資料に「規制改革、行政手続の簡素化、IT化を一体的に進めるため、規制改革推進会議令（平成28年政令第303号）第4条の規定に基づき行政手続部会を設置する。」とあるように、行政手続の簡素化、IT化を一体的に進めることに取り組む部会として設置されました。

ポイント

1. 電子申告義務化のきっかけは、日本再興戦略2016と内閣府「規制改革推進会議」である。
2. 「規制改革推進会議」では、行政手続の簡素化に取り組むことになった。
3. 「行政手続コスト」とは、民間の事業者が行政（国、地方公共団体等）に対して行う事務手続で発生するコストである。

2 税務申告手続が重点分野に

(1) 平成29年　規制改革推進会議が「行政手続部会取りまとめ」の報告書を提出

平成29年3月29日には規制改革推進会議行政手続部会が「行政手続部会取りまとめ～行政手続コストの削減に向けて～」の報告書を提出しています。内閣府のホームページでも公表されており、巻末資料にも掲載しますので（155ページ）、是非一読をお勧めします。この中で、内閣府では政府が掲げる「GDP600兆円経済」を実現するため、「事業者が経済活動を行う際に直面する行政手続コストを削減し、事業者の生産性の向上を図ることが必要」としています。そして、「日本再興戦略2016の基本的な考え方」にもあるとおり、事業者目線で直面している行政手続コストが何なのかを具体的に把握するために事業者にアンケートを実施しました。そのアンケート結果は次のとおりです。

資料1-3-2▶本取組の対象分野（事業者に対するアンケート調査により整理）

参考２

本取組の対象分野
（事業者に対するアンケート調査により整理）

1．重点分野

分野			合計		
			回答数	回答割合（%）	累積%（%）
1	営業の許可・認可に係る手続	各省庁に共通する手続	574	11.2	11.2
2	社会保険に関する手続	個別分野の手続	535	10.4	21.7
3	国税	個別分野の手続	473	9.2	30.9
4	地方税	個別分野の手続	461	9.0	39.9
5	補助金の手続	各省庁に共通する手続	398	7.8	47.7
6	調査・統計に対する協力	各省庁に共通する手続	349	6.8	54.5
7	従業員の労務管理に関する手続	個別分野の手続	287	5.6	60.1
8	商業登記等	個別分野の手続	285	5.6	65.7
9	従業員からの請求に基づく各種証明書類の発行	個別分野の手続	188	3.7	69.3

2．重点分野以外の分野

10	従業員の納税に係る事務	個別分野の手続	322	6.3	75.6
11	行政への入札・契約に関する手続	各省庁に共通する手続	145	2.8	78.4
12	施設の安全（消防等）に関する手続	個別分野の手続	129	2.5	81.0
13	建物に関する手続	個別分野の手続	113	2.2	83.2
14	個別品目の輸出・輸入の許可等に関する手続	個別分野の手続	87	1.7	84.9
15	知的財産権の出願・審査に関する手続	個別分野の手続	87	1.7	86.6
16	土地利用に関する手続	個別分野の手続	82	1.6	88.2
17	不動産登記	個別分野の手続	76	1.5	89.7
18	道路、河川等の利用に関する手続	個別分野の手続	70	1.4	91.0
19	環境保全に関する手続	個別分野の手続	67	1.3	92.3
20	税関に対する手続	個別分野の手続	66	1.3	93.6
21	化学品等の安全管理に関する手続	個別分野の手続	60	1.2	94.8
22	株式や事業用資産の承継に関する手続（事業承継時）	個別分野の手続	46	0.9	95.7
23	産業保安に関する手続	個別分野の手続	44	0.9	96.5
24	港湾における手続	個別分野の手続	29	0.6	97.1
25	生活用品、食品等の安全・表示に関する手続	個別分野の手続	28	0.5	97.7
26	その他事業に必要な事項の許可・認可に係る手続	各省庁に共通する手続	22	0.4	98.1
27	生活環境に関する手続	個別分野の手続	21	0.4	98.5
28	その他	その他	77	1.5	100.0

出典：規制改革推進会議「行政手続部会取りまとめ　～行政手続コストの削減に向けて～」21頁

⑵　税務申告手続が重点分野に（事務負担３位「国税」、４位「地方税」）

同報告書では、具体的に事業者にアンケート調査をした結果として、事業者が負担に感じている行政手続を負担の多い手続順に明示しています。調査対象28手続中負担感トップの手続は「営業の許可･認可に関する手続」で、２位は「社会保険に関する手続」、そして次の３位に「国税」、４位に「地方税」が掲げられ、税に関する事務手続が事業者にとって負担感が大きいとのアンケート結果となっています。そこで規制改革推進会議では、事業者が負担に感じている上位９手続を「重点分野」と定義し、各省庁に行政手続コスト削減のための基本計画を策定するよう要請しています。取組期間は３年、削減目標は「時間（事業者の作業時間）」の削減率20％としており、各省庁は平成29年６月末に基本計画を公表しています。この中で「国税」「地方税」の重点分野については、削減目標とは別の数値目標を定めることとし、目標として大法人での電子申告利用率100％を掲げています。ここではじめて電子申告義務化について言及があり、このあと具体的な電子申告義務化に向けた環境整備がなされています。そのため、今回の電子申告義務化の出発点は、規制改革推進会議行政手続部会の「行政手続部会取りまとめ　～行政手続コストの削減に向けて～」報告書であると理解しています。

「行政手続部会取りまとめ　～行政手続コストの削減に向けて～」の中で「国税」「地方税」に関する部分は巻末資料の172、173ページを参考にしてください。

ポイント

1. 「規制改革推進会議」では、事業者目線で「行政手続コスト」削減を検討している。
2. アンケートの結果、税務申告手続が負担に感じている行政手続であることが判明した。

3　諸外国でのデジタルガバメント対応状況

「行政手続部会取りまとめ　～行政手続コストの削減に向けて～」報告書の「Ⅰ取組の経緯　3．行政手続部会における検討」内に以下の記載があり、今回の行政手続コストの削減の検討にあたり、行政手続部会では諸外国の取組を調査しています。

⑶　諸外国の取組の概要

「日本再興戦略2016」においては、諸外国の取組手法に係る調査等を行った上で、重点分野の選定や削減目標の決定を行うこととされている。このため、行政手続部会では、欧州への出張調査や関係省庁の協力に基づく委託調査等も活用しながら、諸外国における規制・行政手続コスト削減の取組について調査を実施した。

調査結果によれば、欧米諸国では、まず、2000年代に「行政手続コスト（Administrative Costs）」や「書類作成負担（Paperwork Burden）」の削減を相当程度行った。一旦削減が行われた後の2010年代には、削減した既存の行政手続コストをこれ以上増やさないという基準（「One-in/One-out」）等を設定する取組を開始する国がみられるなど取組が多様化している。

税分野における行政手続コスト削減の検討にあたっても、行政手続部会では諸外国における規制・行政手続コスト削減の取組について調査を実施しています。そして調査結果を踏まえ、同報告書では「諸外国の税分野における行政手続コスト削減の要因は明確ではないが、少なくとも電子申告の利用率の大幅な向上が寄与していると考えられることに鑑み、次の数値目標を設定する。」として、次のとおり電子申告義務化の数値目標を設定しています。

①　電子申告の義務化が実現されることを前提として、大法人の法人税・消費税の申告について、電子申告（e-tax）の利用率100％。

②　中小法人の法人税・消費税の申告について、電子申告（e-tax）の利用率85％以上。なお、将来的に電子申告の義務化が実現されることを前提として、電子申告（e-tax）の利用率100％。

ここで、諸外国の調査結果から、税分野では電子申告の利用率の大幅な向上が行政手続コスト削減に寄与しているとの因果関係が示されています。また、その観点から電子申告利用率の向上は大法人だけでなく中小法人にとっても行政手続コスト削減に寄与することから、中小法人についても「利用率85％以上」の数値目標がセットされ、かつ「将来的に」「電子申告の義務化が実現される」ことが明示されています。電子申告を実施することで事業者の行政手続コストが削減されるという因果関係が示されていること、そしてこの因果関係は大法人だけでなく中小法人にも等しく言えることが示されている点に留意が必要です。

それでは、税分野における諸外国の規制・行政手続コスト削減の取組に関する調査とは実際にどのような内容であったのか、ここで確認します。

次ページに、税制調査会参考資料としてホームページに掲載されている調査結果を記載します。

イギリス、ドイツ、フランスでは、2010～2012年の間で法人税申告書及び添付書類の申告で、全法人を対象に電子申告が「原則義務化」となっています。また、電子政府の最先端としてよく事例にあげられるエストニアでは、2013年に電子申告割合が99％、従業員５人超の法人では電子申告が義務化されています。これらのことから、諸外国では電子申告が義務化されており、そのため電子申告割合も高いことが判明しており、この調査結果は今回の電子申告義務化の検討にあたり大いに参考にしたのではと推察しています。電子申告義務化の詳細については第２章で紹介しますが、電子申告義務化法人が書面で申告書を提出した場合、無申告扱いになるという規定についても、諸外国の動向を勘案して決定されたものと捉えています。

いずれにせよ諸外国では電子申告義務化が当たり前で、そのため電子申告割合も高くなっているという調査結果は認識しておく必要があるでしょう。

ポイント

1．税分野では電子申告の利用率の大幅な向上が行政手続コスト削減に寄与しているとの因果関係が示されている。
2．１の因果関係は大法人だけでなく中小法人にもあるとされている。
3．多くの諸外国では、電子申告が義務化されている。

資料１－３－３▶諸外国における法人税の電子申告の状況について（未定稿）

国名	アメリカ	イギリス	ドイツ	フランス	カナダ	スウェーデン	エストニア	韓国
電子申告割合	68% （2014年）	98% （2013年）	n. a.	96% （2013年）	88% （2015年）	75% （2013年）	99% （2013年）	99% （2015年）
電子申告対象手続	○法人税申告書及び添付書類の申告	○法人税申告書及び添付書類の申告	○法人税申告書及び添付書類の申告	○法人税申告書及び添付書類の申告	○法人税申告書及び添付書類の申告	○法人税申告書の申告	○法人税申告書の申告	○法人税申告書及び添付書類の申告
電子申告義務化状況	一部義務化	原則義務化	原則義務化	原則義務化	一部義務化	義務化せず	一部義務化	義務化せず
電子申告を義務化した年	○2005年12月31日以降に終了する課税年度	○2010年４月１日以降に終了する課税年度であって、2011年４月１日以降に行われる申告	○2011年１月１日以降に開始する事業年度	○2012年12月31日以降に終了する課税年度 ※2000年12月31日以降に終了する課税年度より一部義務化し、順次対象者を拡大	○2009年12月31日以降に終了する課税年度		○2011年１月１日以降の申告分	
電子申告義務対象者	○課税年度末時点の総資産が1,000万ドル以上で、暦年で250件以上の申告書を提出する普通法人　等 ※申告書、支払調書等あらゆる様式を含む	○全法人	○全法人	○全法人	○年間総収入が100万カナダドル超の法人 ※保険会社、外国法人等、特殊な申告書を作成する必要がある法人を除く		○従業員が５人超の法人	
電子申告義務の免除規定	○倒産、破産、災害等、IRS長官が正当な困難事由があると認める場合 ※申請が必要	○清算命令が出ている場合　等	○不相当な追加費用が発生する場合や、ITにアクセスできない場合等、電子申告が著しく困難な場合 ※申請が必要	○電子的に添付することが困難な書類を提出する場合　等 ※申請が必要	○非常事態や、健康上の理由がある場合 ○支払い不能等、財政的困難がある場合 ○当局の事情　等 ※申請が必要		○なし	
義務対象者が電子申告を行わなかった場合	○書面での申告は無申告とみなし、その後の電子申告が期限後である場合は、無申告加算税を賦課 ※無申告期間１カ月毎に、申告すべき税額の５％（最高25％。60日を超えた場合には下限あり）	○書面での申告は無申告とみなし、その後の電子申告が期限後である場合は、無申告加算税を賦課 ※無申告期間の長さと常習性に応じて、100～1,000ポンドと、申告すべき税額の10～20％を併科	○書面での申告は無申告とみなし、その後の電子申告が期限後である場合は、無申告加算税を賦課 ※無申告期間１カ月毎に、申告すべき税額の0.25％（最低25ユーロ、最高25,000ユーロ）	○書面での申告を受け付けた上で、加算税を賦課 ※申告すべき税額の0.2%（最低60ユーロ）	○書面での申告を受け付けた上で、過料を賦課 ※1,000カナダドル		○書面での申告は無申告とみなし、過料を賦課 ※1,300ユーロ以下	

（出所）第10回政府税制調査会（2017年６月19日、海外調査報告）提出資料を元に作成（各国の電子申告割合は、海外調査時（2017年４～５月）に現地で聴取した最新の数値を記載）。

出典：財務省「第12回税制調査会参考資料」（平成29年10月16日）
http://www.cao.go.jp/zei-cho/gijiroku/zeicho/2017/29zen12kai6.pdf

4 平成29年6月末「行政手続コスト」削減のための基本計画の提出

上記3の規制改革推進会議の報告書を受けて、平成29年6月末に、財務省は「重点分野名：国税」に関する「『行政手続コスト』削減のための基本計画」を提出し、同じく総務省は「重点分野名：地方税」に関する同基本計画を提出しています。それぞれ各省庁のホームページにも掲載されており、巻末資料にも掲載していますので、ご一読をお勧めします（178～188ページ）。

財務省の計画では「電子申告の義務化が実現されることを前提として、大法人の法人税・消費税の申告について、電子申告（e-Tax）の利用率100％」を目標とすることが明記され、さらに「デジタルファースト原則の下で原則として添付書類も含めて電子申告を義務化する方向で検討する」との記載があり、この時点から添付書類も含めた電子申告の義務化が検討されていることが分かります。あわせて総務省の計画でも地方税に関して同様の記述があり、この基本計画により所轄省庁から具体的に電子申告義務化を実施する旨の案内がなされました。そして、この基本計画に即して平成30年度税制改正にて電子申告関連の改正が盛り込まれています。

ポイント

財務省の基本計画で、添付書類も含めた電子申告の義務化が明記された。

5 電子申告義務化の経緯　－電子申告義務化前との相違点－

以上の経緯により電子申告義務化がスタートすることとなりましたが、電子申告義務化の経緯におけるポイントは、次の3点です。

(1) 事業者目線であること

先のアンケートのとおり、今回の「行政手続コスト」削減は、事業者が負担に感じている行政手続を削減するための取組であることから、電子申告義務化についても、国や地方公共団体等の行政のためではなく、民間の事業者のために取り組んでいるというスタンスであることに注意する必要があります。乱暴に言えば、電子申告義務化は事業者である納税者を助ける取組であるとも言えるでしょう。

なお、令和2年8月5日に開催された第2回税制調査会の財務省説明資料〔中期答申、経済社会の構造変化等について〕の中にも、「令和時代の税制のあり方」「4．デジタル時代における納税環境の整備と適正・公平な課税の実現」として、「・納税者利便の向上を図る観点から、マイナポータルやスマートフォンを活用した電子申告やキャッシュレス納付等を推進する必要」とあり、電子申告は納税者の利便性向上に繋がると明記されています。

(2) 目的達成の手段であること

電子申告義務化というと国が民間の事業会社に強制すること、そのこと自体が目的のように捉えられがちですが、今までの経緯のとおり「行政手続コスト」削減による社会全体のコスト削減が目的で、電子申告義務化はその達成のための手段であることに今一度理解を深める必要があると判断しています。この観点から「行政手続コスト」削減の効果が大きく見込める大法人で、電子申告（e-Tax）利用率100％の目標値が目的達成の手段として設定されるとともに、社会全体のコスト削減を目的にしていることから、中小法人でも「将来的に」「電子申告の義務化が実現される」ことが明記されている点がポイントと考えています。

(3) 国家全体の取組であること

「電子申告義務化」は、国家全体で取り組んでいる「行政手続コスト」削減に向けた取組の一分野であり、特定の省庁単独の取組ではないことを理解する必要があります。

そのため、先ほどe-Taxを利用していても書面の併用が多いとの調査結果の際にも記載しましたが、今までの税務当局による電子申告の利用勧奨とスタンスが異なっている点に留意が必要です。

ポイント

1. 電子申告義務化は、事業者が負担に感じている「行政手続コスト」を削減するための手段である。
2. 電子申告は納税者の利便性向上に繋がるとされている。

平成30年度税制改正における電子申告関連の改正内容

以上のような経緯により平成30年度税制改正において、電子申告関連の改正がなされました。

その内容は、以下のとおりです。

1 平成30年度税制改正大綱（平成29年12月14日）

平成30年度税制改正大綱の「第一　平成30年度税制改正の基本的考え方」の「6　円滑・適正な納税のための環境整備」に以下の記載があり、電子申告義務化が税制改正大綱にて示されました。

> ⑴　税務手続の電子化等の推進
>
> 経済社会のICT化や働き方の多様化が進展する中、税務手続においても、ICTの活用を推進し、全ての納税者が簡便・正確に申告等を行うことができる利便性の高い納税環境を整備するとともに、データの円滑な利用を進めることにより、社会全体のコスト削減及び企業の生産性向上を図ることが重要である。
>
> このため、法人税等に係る申告データを円滑に電子提出できるよう環境整備を進めるとともに、大法人については法人税等の電子申告を義務化する。法定調書や所得税の年末調整手続についても、一層の電子化に向けた措置を講ずる。また、地方税の電子納税について、安全かつ安定的な運営を担保するために必要な措置を講じつつ、全地方公共団体が共同で収納を行う仕組みを整備する。
>
> 税務手続の電子化等の推進については、今後も、適正課税の観点も踏まえつつ、経済社会のICT化等の進展に遅れることなく対応を進めていく。（以下略）

2 平成30年度税制改正において改正された電子申告関係項目

1の税制改正大綱を踏まえて、平成30年度税制改正において改正された電子申告関係項目は以下のとおりになります。これにより、令和２年４月１日以後開始事業年度より資本金１億円超の大法人で法人税及び地方税の電子申告義務化が定められ、電子申告義務化を実現するために、納税者が電子申告義務化に対応しやすい環境整備を図る改正が行われています。

① 大法人の法人税・地方法人税・消費税・法人住民税・法人事業税の確定申告書等の提出については、電子申告が義務化される。書面での申告は無申告扱いとなる。

② 法人税の申告書添付書類の一部について会社保存が容認される。

③ 連結親法人が電子申告する場合には、連結子法人の個別帰属額等の届出について不要となる。同様に連結納税関係の届出書も子法人の提出が不要となる。

④ 法人税、地方法人税及び復興特別法人税の申告書における代表者及び経理責任者等の自署押印制度を廃止する。

⑤ 電子申告・申請等について、法人の代表者から委任を受けた役員、従業員の電子署名・証明書がある場合には、代表者の電子署名・電子証明書の送信を要しないこととする。

⑥ 別表の明細部分、財務諸表及び勘定科目内訳明細書に係るデータ形式の柔軟化、勘定科目内訳明細書の記載内容の簡素化、送信容量の拡大を行う。

⑦ 法人税等の電子申告で決算書を添付した場合には、地方税の申告には改めて決算書の添付は不要とする。

ポイント

平成30年度税制改正で電子申告義務化が定められ、電子申告義務化を円滑に進めるための環境整備を図る改正も行われた。

第2章

電子申告の概要と電子申告義務化の内容の整理

電子申告（e-Tax、eLTAX）の概要

1 e-Tax、eLTAXとは

(1) 国税e-Taxとは

e-Tax（イータックス）とは、国税庁が提供する国税電子申告・納税システムです。

国税e-Taxの電子申告制度は、前述のとおり平成16年２月に名古屋国税局管内で運用が開始され、同年６月に全国へ運用が拡大され本格導入となりました。e-Taxの受付窓口は一つで、電子申告するとそのデータは所轄税務署に配信されることになっています。

e-Taxについて、国税庁では専用のサイト（https://www.e-tax.nta.go.jp/）を用意しており、大法人の電子申告義務化の概要からe-Taxソフトのダウンロード、マニュアルの確認等、e-Taxに関する情報がこの専用サイトに集約されています。一度ご確認することをお勧めします。

(2) 地方税eLTAXとは

eLTAX（エルタックス）とは、地方税ポータルシステムの呼称で、地方税における手続を、インターネットを利用して電子的に行うシステムです。

eLTAXのホームページでは、eLTAXの概要として「地方税の申告、申請、納税など（以下「申告等」といいます。）の手続きは、紙の申告書で手続きを行う場合、それぞれの地方公共団体で行っていただく必要がありましたが、eLTAXは、地方公共団体が共同で運営するシステムであり、電子的な一つの窓口によるそれぞれの地方公共団体への手続きを実現しています。」とあり、eLTAXは地方公共団体が共同して運営する組織「地方税共同機構」が開発・運用しています。以下に、概要図をホームページより紹介します。

資料2-1-1 ▶ eLTAXの概要

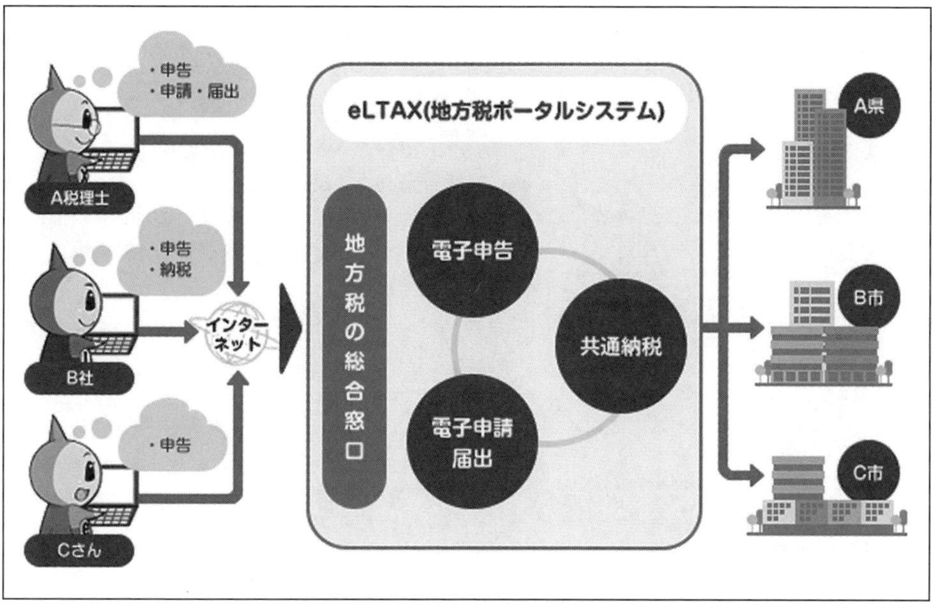

出典：eLTAX ホームページ（https://www.eltax.lta.go.jp/eltax/gaiyou/）

地方税 eLTAX の電子申告制度は、国税から１年遅れの平成17年１月に６府県からスタートしました。その後、平成20年１月に事業所税や個人住民税（給与支払報告書）が対象税目として追加され、同年３月には「申請・届出」、「納税」に関する手続が追加されました。さらに、平成23年１月からは国税連携システムの運用が開始され、所得税確定申告書のデータが国税庁から地方公共団体へデータ送信されるようになりました。

また、eLTAX 導入当初は電子申告データを受付できる団体と受付できない団体が混在しており実務上煩雑でしたが、平成22年４月には全ての地方公共団体が eLTAX に接続できるようになりました。eLTAX の受付窓口も一つで、電子申告するとそのデータは各地方公共団体に配信されることになっています。

2 e-Tax の概要

このように国税では e-Tax、地方税では eLTAX と２つの電子申告システムがありますが、これ以降は e-Tax を中心に確認を進めます。

まず、e-Tax の概要ですが、以下国税庁作成資料のとおり、e-Tax は国税に関する申告や納税といった手続について、インターネットを通じて電子的に行えるような仕組みで、税務署に出向くことなく、自宅から①申告、申請等、②納税まで可能になるというものです。

資料２-１-２ ▶ e-Tax の概要

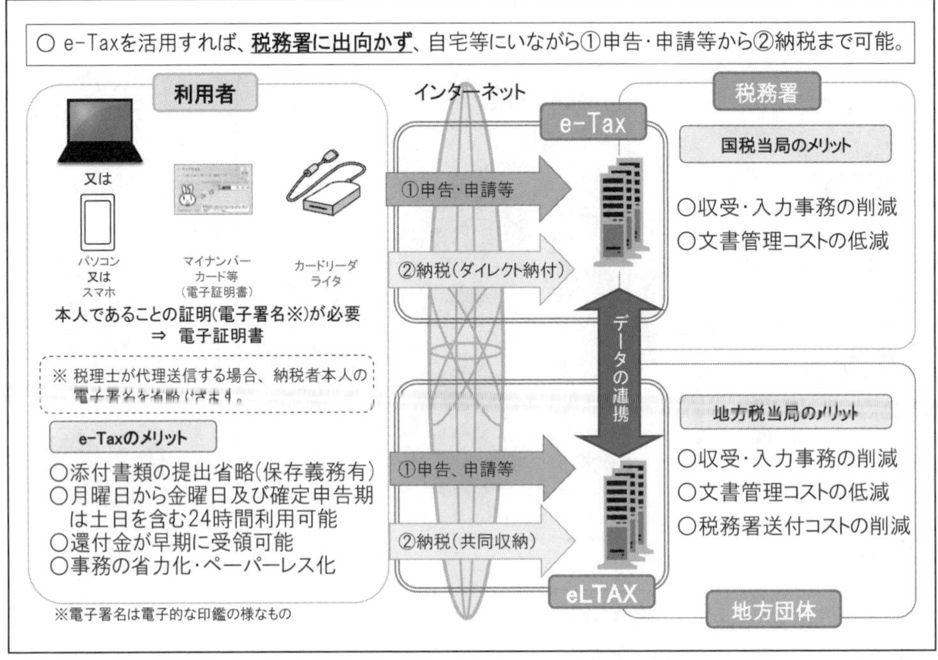

出典：「TKC 電子申告セミナー2020」（令和２年６月）国税庁作成資料

現在、e-Tax で利用できる手続等は次のとおりです。平成16年度に e-Tax が導入された当初は、所得税と個人事業者の消費税申告だけでしたが、その後拡大し、現在は国税に関する手続を幅広くカバーしています。

e-Tax で利用できる手続等

(1)　申告

①　所得税、法人税、消費税、酒税、印紙税、贈与税及び相続税に係る申告

②　所得税及び消費税の準確定申告（死亡の場合）

(2)　申請／届出等

①　法定調書（合計表を含む）

②　納税証明書の交付請求書

③　青色申告の承認申請書

④　異動届出書（事業年度を変更した場合等）など

(3)　納税

①　全税目の納税（電子納税証明書の手数料納付を含む）

※加算税などの附帯税や税額の一部納付も可能

(4)　各種お知らせ

①　申告に関するお知らせ

②　ダイレクト納付の利用者の方へのお知らせ

③　振替納税のお知らせ

④　e-Taxを利用して還付申告を行われた方へのお知らせ　など

出典：「TKC電子申告セミナー2020」（令和２年６月）国税庁作成資料

3 e-Taxのメリット

次に、e-Taxのメリットとして挙げられている点をご紹介します。

e-Tax利用により「申告書等がデータ化されることによる事務処理全体の効率化、ペーパーレス化」が図られることがメリットとして挙げられ、具体的に納税者の立場、税務行政の立場から次のメリットが紹介されています。

e-Taxのメリット

(1)　納税者にとって

①　申告書提出に係る印刷費、交通費、郵送費の削減

②　税務関係書類の編てつ、保管スペース、廃棄業務の削減

③　経理関係・税務関係手続全般の効率化、高度化

④　計算機能等による計算誤りや入力誤りの防止

⑤　還付金の早期受取（概ね３週間程度）

(2)　税務行政にとって

①　申告書の収受・入力事務の削減

②　申告書の編てつ、保管スペース、廃棄業務の削減

③　申告等情報のデータ化による課税・徴収事務の効率化、高度化

④　地方税当局との間のシステム連携を通じた事務の効率化

出典：「TKC電子申告セミナー2020」（令和２年６月）国税庁作成資料

株式会社TKCでは、TKC電子申告セミナーを毎年開催し、その中で電子申告を実施している企業に電子申告実施事例を発表していただいており、そこでも実際に電子申告に取り組んだ結果、事務工数が大幅に削減できたとの効率化の声を多くお伺いしています。特に、税務申告書の印刷、提出については、地方税申告で提出先が多い企業では

その効果は絶大で、一度電子申告を実施するともう書面で提出の業務には戻れない、とのコメントも多く受けています。

また、税務行政にとっても事務工数の削減が図られる点は是非とも把握していただきたい内容です。書面での申告の場合に生じる収受事務や記載情報の電子データ変換のための入力事務（書面の申告書に記載がある内容のデータ入力）、書面の保管や保管期間経過後の廃棄などに係る事務量が削減されるとのことで、税務行政にとっても e-Tax 導入のメリットは大変大きいものと考えています。

ポイント

1　e-Tax は国税庁が提供する国税電子申告・納税システムであり、eLTAX は地方税共同機構が提供している地方税ポータルシステムである。
2．電子申告により、申告書等がデータ化されることで事務処理全体が効率化され、ペーパーレス化が図られることで、納税者、税務行政双方にとってメリットがある。

4　電子申告実施にあたり必要となるもの（事前準備）

ここで、これから電子申告に取り組む方のために、国税及び地方税の電子申告実施にあたり必要となるものについて確認します。

(1)　国税の電子申告制度

①　代表者の電子証明書

電子証明書とは、電子申告を安全に行うために本人確認や改ざんの防止等の目的で使用するもので、書面手続でいう「印鑑」に相当するものです。

令和２年４月１日以後開始事業年度より、代表者から委任された役員・社員による署名が可能となっています。この場合には代表者の電子署名を付した PDF 形式の「電子委任状」が必要となります。なお、経理責任者の電子証明書は法人税等の経理責任者の捺印欄のある税目に限り不要となりました。

詳細は、Ⅲ７（55ページ）をご確認ください。

②　利用者識別番号／独自の暗証番号／納税用確認番号

国税 e-Tax で電子申告の開始手続の際に発行されますので、大事に保管します。

③　IC カードリーダライタ

マイナンバーカードのようなカード形式の電子証明書を利用する際に必要となります。

⑵　地方税の電子申告制度

①　代表者の電子証明書

地方税においても代表者から委任された役員・社員による署名が可能となっています。この場合には任意のフォーマットに必要事項を記入し、代表者印を押印したものをPDF形式にします。委任状への電子署名の付与は必須ではありません。

②　利用者ID／独自の暗証番号

文言は異なりますが、国税の利用者識別番号と同じように地方税eLTAXで電子申告開始手続の際に取得できます。

③　ICカードリーダライタ

国税と同様にマイナンバーカードのようなカード形式の電子証明書を利用する際に必要となります。

なお、顧問税理士が署名をしている場合には、企業側では電子署名を行わず、税理士のみの署名による代理送信ということになります。その場合には、事前準備は顧問税理士が済ませていますので、ご確認ください。

⑶　電子申告の準備から実施までの手続

①　手続の流れ

国税、地方税で共通の実施事項とそれぞれの実施事項があります。

具体的には次ページの図のような流れになります。作業する手順が多く感じられるかもしれませんが、一つ一つ進めていけばそれほど難しくはないと思われます。

まずは、国税、地方税に共通することとして電子証明書の取得が必要となります。

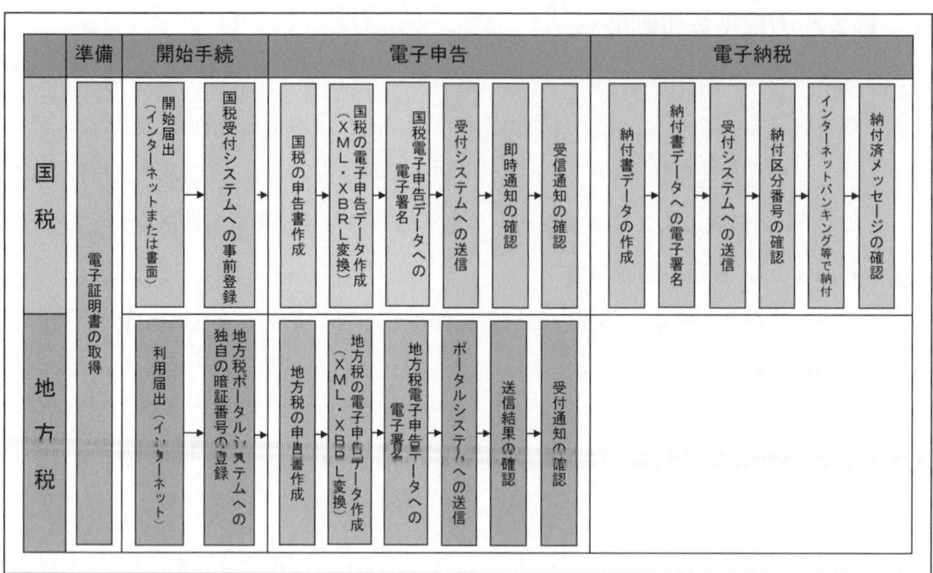

出典：株式会社 TKC

②　電子証明書

よく使われている電子証明書には以下のようなものがあります。

・「商業登記に基づく電子認証制度」の電子証明書
　有効期間：３か月～27か月

・個人番号カード（マイナンバーカード）
　有効期間：発行の日後５回目の誕生日まで

・TDB 電子認証サービス TypeA に係る認証局が作成する電子証明書
　IC カード格納型

・TOiNX 電子入札対応電子証明書発行サービスに係る認証局が作成する電子証明書
　IC カード格納型

・AOSign サービスに係る認証局が作成する電子証明書
　IC カード格納型

・法人認証カードサービスに係る「商業登記に基づく電子認証制度」を運営する電子認証登記所が作成する電子証明書
　IC カード格納型

・e-Probatio PS2サービスに係る認証局が作成する電子証明書
　IC カード格納型

これらの電子証明書は国税と地方税のどちらの電子申告の電子署名にも利用でき

ます。

新規に取得する場合には、どの電子証明書を取得するかを決定し、発行元のホームページ等で発行手続を確認しましょう。

タイプを大別すると、電子ファイル型、ICカード型になります。ICカード型の場合は、証明書を読み取るためのICカードリーダライタが必要になります。

証明書の発行手続・ICカードリーダライタの購入等、時間を要することがありますので、早めの準備が肝要です。

なお、電子証明書には種類がいくつもありますが、法人が取得する電子証明書で一番主流なのは１番目の「商業登記に基づく電子認証制度」の電子証明書です。

電子入札などで既に電子証明書を取得している場合がありますので、自社で電子証明書を取得しているか、関連部署にご確認願います。

③　電子証明書管理規定

電子証明書は代表印と同様に管理方法を検討する必要があります。保管する部署はどこか、利用する場合の社内手続はどうするかについての管理規定を設ける必要があります。印章規定を改定するか、新たに管理規定を作成するか、対応は様々であると思われます。

④　国税の電子申告のための届出

国税の電子申告の利用を開始する法人は開始届出が必要です。開始届出方法は、以下の２つです。

・国税庁のホームページからオンライン届出　※ e-Taxソフト（WEB版）
・「電子申告・納税等開始（変更等）届出書」を税務署へ持参又は送付

ここではオンライン届出　e-Taxソフト（WEB版）利用の流れを見ていきます。

e-Taxホームページの「各ソフト・コーナー」からe-Taxソフト（WEB版）をクリックします。

初めて利用する場合は「e-Taxソフト（WEB版）を利用するに当たって」（https://www.e-tax.nta.go.jp/e-taxsoftweb/e-taxsoftweb1.htm）の手順を実施してください。

e-Taxソフト（WEB版）のトップメニューの初めてe-Taxを利用される方へ「開始届出書の作成・提出」ボタンから「法人の方」を選択します。

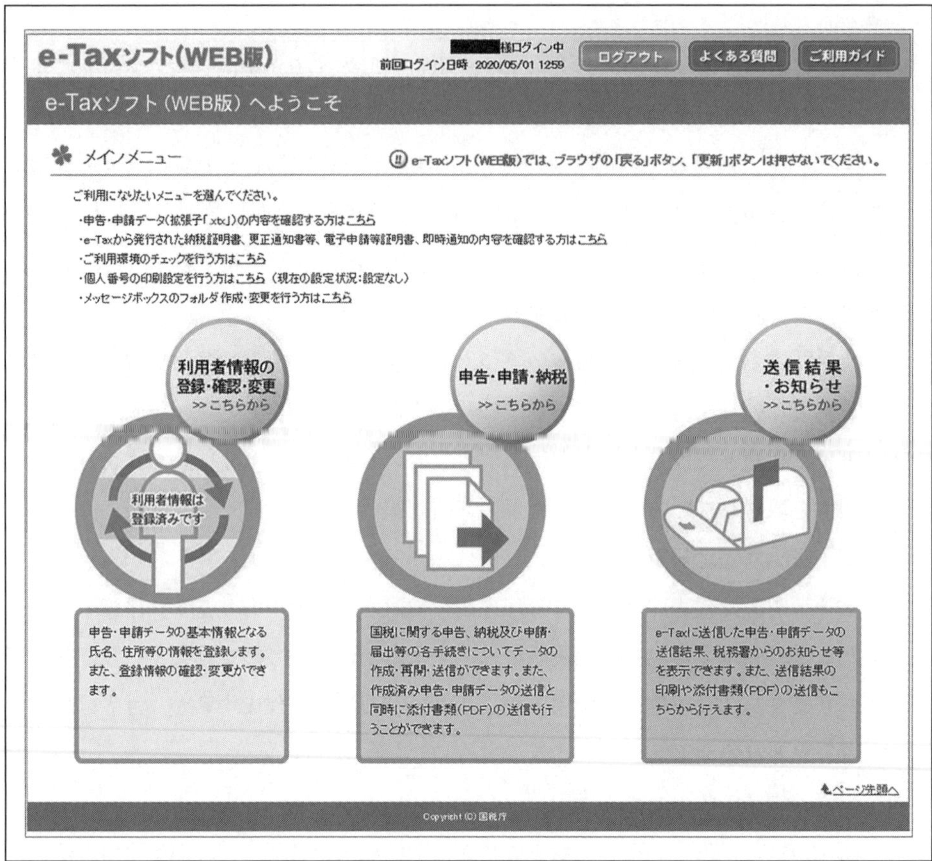

出典：国税電子申告・納税システムホームページ

次に、法人名等の届出事項や暗証番号を入力します。

ここでの留意事項は以下のとおりです。

・暗証番号（必須）

国税受付システムにログインするための「独自の暗証番号」を、８桁以上50桁以内で、半角の英小文字・数字を１文字以上使用して登録します。

・納税用確認番号（必須）

任意の半角６桁の数字を登録します。電子納税を行う際の本人確認を行うのに必要となるものです。

・納税用カナ氏名・名称（必須）

電子納税を行う際に、インターネットバンキング等の画面に表示される氏名・名を半角大文字24字以内で入力します。小文字「ｯ」や全角文字「ツ」、長音符号「－」は利用できません。

さらに便利に使いやすく
国税電子申告・納税システム
e-Tax
よくある質問

開始届出（法人用）新規

法人名称等の入力 ＞ 代表者情報の入力 ＞ 本店又は主たる事務所の入力 ＞ 暗証番号等の入力 ＞ 入力内容の確認 ＞ 利用者識別番号等の通知

法人名称等の入力
以下の項目を入力し、『次へ』をクリックしてください。

法人番号	□ - □ - □ - □（半角数字）
組織名称（株式会社等） 組織名称がリストにない場合	組織名称が法人名称の前後どちらに付くか選択してください。◉ 前　○ 後 リストから選択してください。 ※組織名称がリストにない場合は、左記の『組織名称がリストにない場合』を参考に入力してください。
法人名称（フリガナ） ※必須	（例）コクゼイショウジ　（全角カタカナ） ※「カブシキガイシャ」等の組織名称は入力不要です。
法人名称 ※必須	（例）国税商事　（全角） ※「株式会社」等の組織名称は入力不要です。

出典：国税電子申告・納税システムホームページ

入力確認後送信しますが、送信後すぐに、「利用者識別番号」及び「暗証番号」が画面に表示されます。必ず印刷又は保存し、失念することがないようにしてください。

その後電子申告データを送信するまでに、電子証明書をあらかじめ登録しておく必要があります。

なお、電子申告義務化対象法人は、電子申告開始届出書のほかに「e-Taxによる申告の特例に係る届出書」の提出も必要となります。詳細はⅡ 6（42ページ）をご確認ください。

⑤　地方税の電子申告のための届出

地方税（eLTAX）の利用届は国税と異なりオンラインのみとなります。

eLTAXのホームページから画面最上部にある「PCdesk（WEB版）」をクリックします。「事前セットアップが未完了です」とメッセージ表示されますが、閉じて画面左下の「利用届出（新規）」を選択します。

利用者IDをお持ちの方　ポータルセンタに接続します。ログイン方式を選択してください。

○ 利用者IDを利用してログイン

「利用者ID」、「暗証番号」を入力し、「ログイン」ボタンをクリックしてください。

利用者ID

暗証番号

□ 暗証番号を表示

利用者IDをお忘れの方はこちら ＞

暗証番号をお忘れの方はこちら ＞

◉ マイナンバーカードを利用してログイン

マイナンバーカードをICカードリーダライタにセットし、「ログイン」ボタンをクリックしてください。

ログイン

利用者IDをお持ちでない方　利用者IDがない方はこちらからご利用できます。

利用届出（新規） ＞
新規に利用者IDを取得します。

申請・届出（ログインなし） ＞
ログインせずに申請・届出を行います。

出典：eLTAX ホームページ

利用規約に同意後、納税者（法人）を選択します。

その後提出先を選びますが、提出先都道府県や市町村が複数ある場合でも、いずれか1つに利用届出を行います。通常は、主たる事務所の都道府県を選びます。

※東京都の場合は区を選択しないようにしてください。

次に、法人名等の届出事項や暗証番号を入力します。

ここでの留意事項は以下のとおりです。

・連絡先

eLTAX からのお知らせを受信する e-Mail アドレスを入力します。「送信確認」ボタンを押してテストメールが受信できたら「テストメールの受信を確認しました」をチェックします。

・暗証番号

eLTAX で利用する暗証番号を入力します。

・届出理由

「eLTAX の利用を開始する」を選択します。

・提出先・手続情報

「利用税目」「提出先事務所等」「事業所又は給与支払者の住所地若しくは課税地」を選択し、「追加ボタン」を押します。

※追加ボタンを押さないと「次へ」ボタンが表示されませんのでご留意ください。

最後に使用する電子証明書を選択します。国税は後日登録可能ですが、地方税は届出時に電子証明書を登録します。

入力確認後、送信します。送信後すぐに、「利用者 ID」及び「暗証番号」が画面に表示されます。必ず印刷又は保存し、失念することがないようにしてください。

なお、国税は即日利用可能ですが地方税は審査完了のメールが届いてから、利用可能となります。早ければ翌日、遅くとも数日以内に審査完了のメールが届きます。

5　電子申告実施の阻害要因

それでは、納税者、税務行政双方にとってメリットがあるとされている電子申告が、第1章でご紹介したとおり想定以上に普及が進んでいないのはなぜなのか、電子申告実施の阻害要因について確認します。

電子申告の実施を阻害する要因として、財務省の資料で取り上げられているのは、次の2点です。

①　電子的な提出が困難で、書面提出になる添付書類がある。

②　電子証明書やICカードリーダライタの取得に費用や手間がかかる。

資料2-1-3 ▶ e-Taxを利用していない理由（アンケート結果）

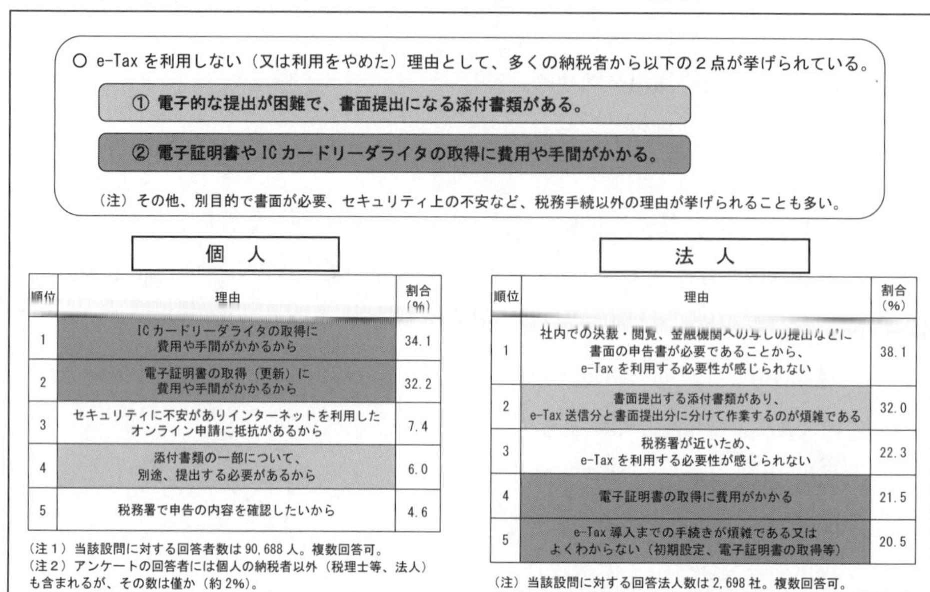

○ e-Taxを利用しない（又は利用をやめた）理由として、多くの納税者から以下の２点が挙げられている。

① 電子的な提出が困難で、書面提出になる添付書類がある。

② 電子証明書やICカードリーダライタの取得に費用や手間がかかる。

（注）その他、別目的で書面が必要、セキュリティ上の不安など、税務手続以外の理由が挙げられることも多い。

個　人

順位	理由	割合(%)
1	ICカードリーダライタの取得に費用や手間がかかるから	34.1
2	電子証明書の取得（更新）に費用や手間がかかるから	32.2
3	セキュリティに不安がありインターネットを利用したオンライン申請に抵抗があるから	7.4
4	添付書類の一部について、別途、提出する必要があるから	6.0
5	税務署で申告の内容を確認したいから	4.6

（注１）当該設問に対する回答者数は90,688人。複数回答可。
（注２）アンケートの回答者には個人の納税者以外（税理士等、法人）も含まれるが、その数は僅か（約2%）。
（出所）国税電子申告・納税システム（e-Tax）の利用に関するアンケートの実施結果について（平成29年８月）

法　人

順位	理由	割合(%)
1	社内での決裁・閲覧、金融機関への写しの提出などに書面の申告書が必要であることから、e-Taxを利用する必要性が感じられない	38.1
2	書面提出する添付書類があり、e-Tax送信分と書面提出分に分けて作業するのが煩雑である	32.0
3	税務署が近いため、e-Taxを利用する必要性が感じられない	22.3
4	電子証明書の取得に費用がかかる	21.5
5	e-Tax導入までの手続きが煩雑である又はよくわからない（初期設定、電子証明書の取得等）	20.5

（注）当該設問に対する回答法人数は2,698社。複数回答可。
（出所）平成26事務年度に東京国税局が同局調査部所管法人（原則、資本金が１億円以上の法人）を対象として実施したアンケート結果の取りまとめ

出典：財務省「第12回税制調査会参考資料」（平成29年10月16日）

この表のうち右側の法人のアンケートは、東京国税局が同局調査部所管法人（原則、資本金が１億円以上の法人）に平成26年に実施したアンケートで、2,698社から回答があったとのことです。２位にあるとおり、やはり電子申告を実施しても書面提出の書類が残り、電子と書面に分けて作業、管理するのが煩雑であるとの回答が多く、この回答結果は今回の電子申告義務化の制度設計に大きく活かされているものと推察しています。今回、添付書類も含めて電子申告義務化とすることで、書面提出を極力減らす方向で制度設計がなされている点にご留意ください。

あわせて、４位の電子証明書については取得だけでなく、取得後の管理についても事務工数を懸念する声が多く、特に規模の大きな企業ほど、電子証明書をどの部署で管理するのか、管理規定はどうするのか等、電子証明書に従前の代表者印と同等の取扱いを求められることに抵抗感を示す声も多くあると捉えています。また、法人のアンケートで理由のトップとして「社内での決裁・閲覧、金融機関への写しの提出などに書面の申告書が必要であることから、e-Taxを利用する必要性が感じられない」が挙げられている点も着目すべきと考えています。「必要性が感じられない」、と従前の業務の延長線上で税務申告遂行が問題なくできていたことからくる、今までできている仕組みを変え

ることへの抵抗感、といった点も大きな理由ではないかと推察しています。

ポイント

e-Tax を利用しない理由として、書面提出が残ること、電子証明書の取得・管理が大変、との声が挙がっている。

大法人の電子申告義務化の概要

既にご案内の経緯を踏まえて、平成30年度税制改正により「電子情報処理組織による申告の特例」が創設され、令和２年４月１日以後開始事業年度から大法人が行う法人税等の申告はe-Taxにより提出しなければならないこととされました。ここでは、大法人に適用される電子申告義務化の概要について、対象法人や対象書類、届出規定、例外規定等をご案内します。

1　対象税目

大法人の電子申告義務化の対象となる税目は、下記の税目です。規制改革推進会議行政手続部会で示された国税、地方税、すなわち事業者目線で行政手続が負担となっている税目が対象となっている点を再確認してください。

・法人税及び地方法人税並びに消費税及び地方消費税

・地方税の法人住民税及び法人事業税

2　対象法人の範囲

対象となる法人は、下記のとおりです。

(1)　法人税及び地方法人税、地方税の法人住民税及び法人事業税

①　内国法人のうち、その事業年度開始の時において資本金の額又は出資金の額が１億円を超える法人

②　相互会社、投資法人及び特定目的会社

ポイント

1．相互会社、投資法人及び特定目的会社については、出資金等の大小に関係なく電子申告義務化の対象となる。

2．資本金の額等が１億円超であるかどうかについては、「事業年度開始の時」に判定する。

⑵　消費税及び地方消費税

⑴に掲げる法人に加え、国及び地方公共団体

ポイント

消費税の申告において、期間特例を受けている法人の各課税期間の消費税申告については、「事業年度開始の時」に判定する。

なお、財務基盤に関する安定的な指標が存在しない非出資法人（人格のない社団等）や、電子証明書に係る認証サービスを十分に受けることができない外国法人は義務化の対象外となっています。

上述の義務化対象外とした対応等を踏まえると、資本金１億円超の大法人で電子申告が義務化されている背景は、次の２点と推察しています。

①　大法人では電子申告の実施により、「行政手続コスト」の削減が大きく見込まれる。

②　大法人では財務基盤が比較的安定しており、電子申告義務化に対応できる環境が整備されている、もしくは整備するための基盤があるものと考えられている。

対象法人の範囲については、次の国税庁作成資料「義務化対象法人の一覧表」も合わせてご確認ください。

資料２-２-１▶義務化対象法人の一覧表

法人の区分				法人税等	消費税等
内国法人	普通法人	株式会社等	資本金の額等が１億円超	○	○
			資本金の額等が１億円以下	×	×
		受託法人（法人課税信託）		×	×
		相互会社		○	○
		投資法人		○	○
		特定目的会社		○	○
	公共法人	国・地方公共団体		―	○
		国・地方公共団体以外	資本金の額等が１億円超	―	○
			資本金の額等が１億円以下	―	×
	公益法人等	資本金の額等が１億円超		○	○
		資本金の額等が１億円以下		×	×
	協同組合等	資本金の額等が１億円超		○	○
		資本金の額等が１億円以下		×	×
	人格のない社団等			×	×

（注）１　資本金の額等の判定は事業年度開始の日で行う。
２　設立根拠法に
①　その資本金又は出資金自体について規定されているもの、
②　その資本金又は出資金の出資について規定されているもの、
③　上記のほか、定款に出資持分に関する定めがあることを前提とした制度が規定されているもの
については、資本金の額又は出資金の額が1億円超か否かで対象を判定します。それ以外の法人は一律義務化の対象外となります。
３　連結納税が適用される法人税申告については、親法人が上記基準に該当すれば電子申告の義務化の対象。
なお、法人税で連結納税を適用している場合でも、消費税等の申告については、連結グループ内の個々の法人ごとに、上記基準により、電子申告の義務化の対象か否かを判定する。
４　外国法人については電子申告の義務化の対象外。

出典：「TKC 電子申告セミナー2020」（令和２年６月）国税庁作成資料

3 対象手続

電子申告義務化の対象手続は、

・確定申告書

・中間（予定）申告書

・仮決算の中間申告書

・修正申告書及び還付申告書

となります。確定申告だけでなく中間申告や修正申告等も対象になることに注意が必要です。仮決算の中間申告書については、第６章に詳細を記載しますので、ご確認ください。

ポイント

修正申告については、令和２年４月１日以後開始する事業年度の修正申告から電子申告義務化の対象となる。そのため、令和２年４月１日より前の事業年度に関する修正申告については、令和２年４月１日以後に提出する申告であっても従来どおりの書面での提出が認められる。

4 対象書類

電子申告義務化の対象となる書類は、申告書及び申告書に添付すべきものとされている書類の全てになります。

(1) 単体法人の場合

次の資料2-2-2では単体法人の法人税申告書を示していますが、「申告書及び申告書に添付すべきものとされている書類の全て」が対象ですので、「財務諸表」や「勘定科目内訳明細書」等、法令上、添付が求められる書類の全てが、電子申告の義務化の対象となります。そして、書類を提出する際にはこの図表にあるように、提出する書類に応じてデータ形式が指定されています。従来、法人税申告書別表はXML形式、財務諸表はXBRL形式というように、それぞれの用途に応じたデータ形式が指定されていましたが、法人税申告書別表の明細記載を要する部分、財務諸表、勘定科目内訳明細書については、CSV形式によるe-Tax送信も可能となりました。詳細は次の第3章でご案内します。

資料2-2-2▶単体法人の対象書類

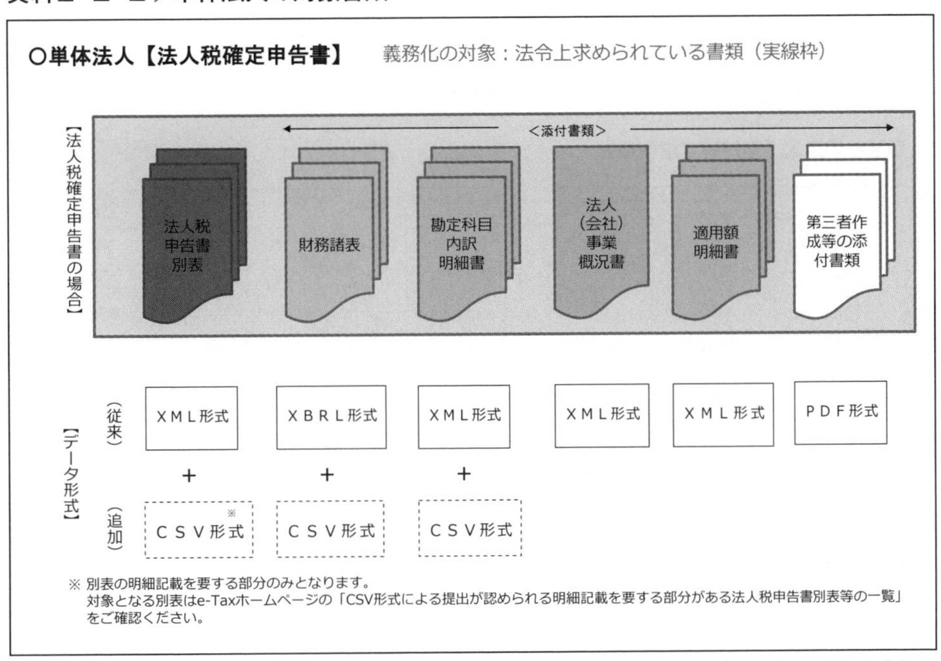

出典：「TKC電子申告セミナー2020」（令和2年6月）国税庁作成資料

(2) 連結法人の場合

次に、連結法人の場合について、資料2-2-3に対象書類を示します。

現状、連結法人は、「法人税確定申告書別表」をはじめ、添付書類として連結親法人及び連結子法人に係る「個別帰属額等の届出書」等の「法令上、添付が求められる書類」を、連結親法人の納税地の所轄税務署長に提出しています。併せて、連結子法人においては、連結子法人分の「個別帰属額等の届出書」や「法令上、添付が求められる書類」を、連結子法人の納税地の所轄税務署長に提出しています。

なお、提出する書類に応じたデータ形式については、下段に記載している「(従来)」とある部分にあるとおり、先ほどの資料２－２－２同様、従来は、連結法人に係る「法人税確定申告書別表」はXML形式、財務諸表はXBRL形式というように、それぞれの用途に応じたデータ形式が指定されていましたが、法人税申告書別表の明細記載を要する部分、財務諸表、勘定科目内訳明細書については、CSV形式によるe-Tax送信も可能となりました。

また、連結法人については、令和２年４月以後終了事業年度分の申告から、連結親法人が連結子法人の「個別帰属額等の届出書」をe-Tax等により、連結親法人の納税地の所轄税務署長に提出した場合（図表２－２－３の実線枠内の書類をe-Tax等で提出した場合）には、連結子法人が点線部分の「個別帰属額等を記載した書類等」を所轄税務署に提出したものとみなし、連結子法人による提出が不要となりました。

資料２-２-３▶連結納税制度における対象書類

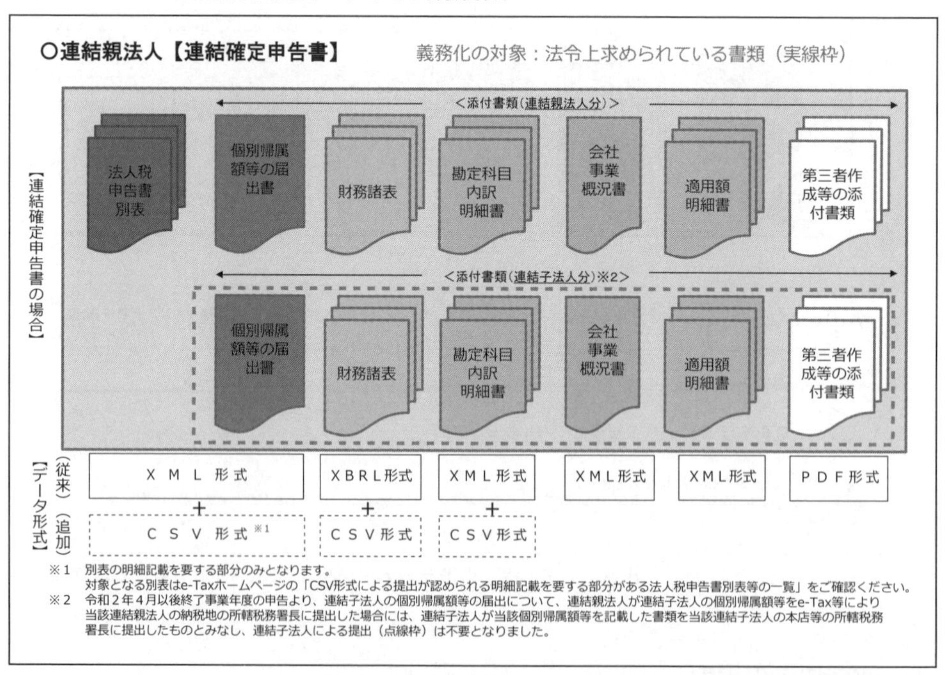

出典：「TKC電子申告セミナー2020」（令和２年６月）国税庁作成資料

ポイント

1．連結納税適用法人においては、従前より連結子法人の個別帰属額等の届出書を連結確定申告書に添付して提出する必要があり、この連結子法人の個別帰属額等の届出書の添付書類として当該子法人の財務諸表（単体）、勘定科目内訳明細書も添付して提出している。
2．連結子法人の財務諸表（単体）、勘定科目内訳明細書も、今回の電子申告義務化の対象になる。
3．連結子法人の財務諸表（単体）、勘定科目内訳明細書についても親法人分と同様に、国税庁が指定するフォーマットに合わせてデータを作成し、電子申告する必要がある。

5　例外規定

電気通信回線の故障、災害その他の理由によりe-Taxを使用することが困難であると認められる場合で、納税地の所轄税務署長の事前の承認が得られれば、申告書及び添付書類を書面によって提出することが可能となっています。他方、例外規定に当たるような理由が存在しないにもかかわらず、電子申告の義務化対象法人が書面による申告をした場合、その書面による申告は無効となり、無申告加算税の対象になる場合があります。義務化対象法人は、電子申告義務の不履行の場合に、法律上このような不利益が生じうることも認識する必要があると判断しています。

ポイント

1．書面による提出について事前の承認が得られればその書面による申告書は有効なものとして取り扱われる。そのため、電子申告義務化対象法人が事前の承認を得ずに書面により申告書を提出した場合は、その書面による申告書は無効となり無申告扱いになるとされている。この書面には、添付書類（財務諸表と勘定科目内訳明細書等）も含まれている点に留意する必要がある。
2．災害その他やむを得ない理由により、法定申告期限までに申告・納付できない場合は、災害等による期限の延長（国税通則法第11条）に基づく期限延長の申請が可能となる。

6 届出規定

電子申告義務化の対象となる法人は、納税地の所轄税務署長に対し、適用開始事業年度等を記載した届出書（「e-Taxによる申告の特例に係る届出書」）を提出することが必要とされています。届出書の様式は国税庁ホームページにて公開されています。

次ページに「e-Taxによる申告の特例に係る届出書」の様式を掲載しますので、ご確認ください。

また、令和２年３月31日以前に設立された法人で令和２年４月１日以後最初に開始する事業年度において義務化対象法人となる場合、当該事業年度開始の日以後１か月以内に提出する必要があります。

ポイント

1. 資本金が１億円を超える法人は、例外なく特例の届出書の提出が必要。
　既に電子申告を実施している法人であっても、電子申告義務化対象法人は「e-Taxによる申告の特例に係る届出書」を提出する必要がある。
2. 「e-Taxによる申告の特例に係る届出書」は、事業年度開始の日以後１か月以内に提出する必要がある。

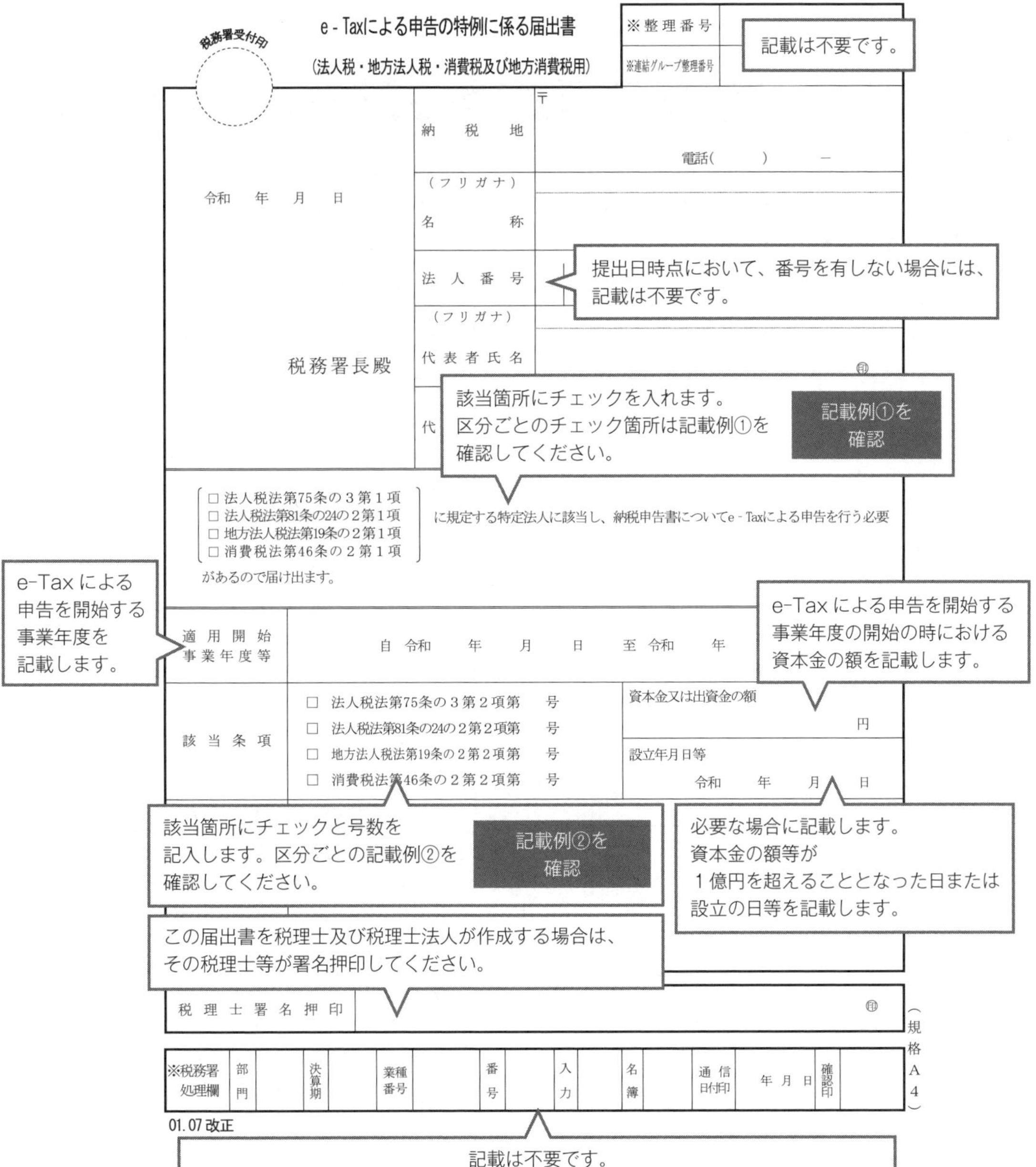

e-Taxによる申告の特例に係る届出書
(法人税・地方法人税・消費税及び地方消費税用)

税務署受付印

※整理番号
※連結グループ整理番号

令和　年　月　日

税務署長殿

納税地	〒 電話(　　)　―
(フリガナ)	
名称	
法人番号	
(フリガナ)	
代表者氏名	㊞
代	

[□法人税法第75条の3第1項 □法人税法第81条の24の2第1項 □地方法人税法第19条の2第1項 □消費税法第46条の2第1項] に規定する特定法人に該当し、納税申告書についてe-Taxによる申告を行う必要があるので届け出ます。

適用開始事業年度等	自 令和　年　月　日　至 令和　年		
該当条項	□ 法人税法第75条の3第2項第　号 □ 法人税法第81条の24の2第2項第　号 □ 地方法人税法第19条の2第2項第　号 □ 消費税法第46条の2第2項第　号	資本金又は出資金の額　円	設立年月日等　令和　年　月　日

税理士署名押印	㊞

(規格A4)

※税務署処理欄	部門		決算期		業種番号		番号		入力		名簿		通信日付印	年 月 日	確認印	

01.07改正

記載は不要です。
提出日時点において、番号を有しない場合には、記載は不要です。
該当箇所にチェックを入れます。区分ごとのチェック箇所は記載例①を確認してください。
記載例①を確認
e-Taxによる申告を開始する事業年度を記載します。
e-Taxによる申告を開始する事業年度の開始の時における資本金の額を記載します。
該当箇所にチェックと号数を記入します。区分ごとの記載例②を確認してください。
記載例②を確認
必要な場合に記載します。資本金の額等が1億円を超えることとなった日または設立の日等を記載します。
この届出書を税理士及び税理士法人が作成する場合は、その税理士等が署名押印してください。
記載は不要です。

記載例①

各区分の「該当条項」どおりにレ印をつけます。

特定法人の区分			該当条項
①	事業年度等の開始の時における資本金の額等が１億円を超える法人 ※消費税についても、事業年度開始の時における資本金の額等で判定します。	単体法人	☑法人税法第75条の３第１項 □法人税法第81条の24の２第１項 ☑地方法人税法第19条の２第１項 ☑消費税法第46条の２第１項 ★
		連結親法人	□法人税法第75条の３第１項 ☑法人税法第81条の24の２第１項 ☑地方法人税法第19条の２第１項 ☑消費税法第46条の２第１項 ★
		連結子法人	□法人税法第75条の３第１項 □法人税法第81条の24の２第１項 □地方法人税法第19条の２第１項 ☑消費税法第46条の２第１項 ★
②	相互会社	単体法人	☑法人税法第75条の３第１項 □法人税法第81条の24の２第１項 ☑地方法人税法第19条の２第１項 ☑消費税法第46条の２第１項 ★
		連結親法人	□法人税法第75条の３第１項 ☑法人税法第81条の24の２第１項 ☑地方法人税法第19条の２第１項 ☑消費税法第46条の２第１項 ★
		連結子法人	□法人税法第75条の３第１項 □法人税法第81条の24の２第１項 □地方法人税法第19条の２第１項 ☑消費税法第46条の２第１項 ★
③	投資法人 （①に掲げる法人を除きます。）		☑法人税法第75条の３第１項 □法人税法第81条の24の２第１項 ☑地方法人税法第19条の２第１項 ☑消費税法第46条の２第１項
④	特定目的会社 （①に掲げる法人を除きます。）		☑法人税法第75条の３第１項 □法人税法第81条の24の２第１項 ☑地方法人税法第19条の２第１項 ☑消費税法第46条の２第１項
⑤	国又は地方公共団体		□法人税法第75条の３第１項 □法人税法第81条の24の２第１項 □地方法人税法第19条の２第１項 ☑消費税法第46条の２第１項

★消費税の免税事業者を除きます。

記載例②

各区分の「該当条項」どおりにレ印をつけ、号数を記載します。

特定法人の区分			該当条項
①	事業年度等の開始の時における資本金の額等が１億円を超える法人 ※消費税についても、事業年度開始の時における資本金の額等で判定します。	単体法人	☑法人税法第75条の３第２項第１号 □法人税法第81条の24の２第２項第　号 ☑地方法人税法第19条の２第２項第１号 ☑消費税法第46条の２第２項第１号
		連結親法人	□法人税法第75条の３第２項第　号 ☑法人税法第81条の24の２第２項第１号 ☑地方法人税法第19条の２第２項第１号 ☑消費税法第46条の２第２項第１号
		連結子法人	□法人税法第75条の３第２項第　号 □法人税法第81条の24の２第２項第　号 □地方法人税法第19条の２第２項第　号 ☑消費税法第46条の２第２項第１号
②	相互会社	単体法人	☑法人税法第75条の３第２項第２号 □法人税法第81条の24の２第２項第　号 ☑地方法人税法第19条の２第２項第２号 ☑消費税法第46条の２第２項第２号
		連結親法人	□法人税法第75条の３第２項第　号 ☑法人税法第81条の24の２第２項第２号 ☑地方法人税法第19条の２第２項第２号 ☑消費税法第46条の２第２項第２号
		連結子法人	□法人税法第75条の３第２項第　号 □法人税法第81条の24の２第２項第　号 □地方法人税法第19条の２第２項第　号 ☑消費税法第46条の２第２項第２号
③	投資法人 （①に掲げる法人を除きます。）		☑法人税法第75条の３第２項第３号 □法人税法第81条の24の２第２項第　号 ☑地方法人税法第19条の２第２項第３号 ☑消費税法第46条の２第２項第３号
④	特定目的会社 （①に掲げる法人を除きます。）		☑法人税法第75条の３第２項第４号 □法人税法第81条の24の２第２項第　号 ☑地方法人税法第19条の２第２項第４号 ☑消費税法第46条の２第２項第４号
⑤	国又は地方公共団体		□法人税法第75条の３第２項第　号 □法人税法第81条の24の２第２項第　号 □地方法人税法第19条の２第２項第　号 ☑消費税法第46条の２第２項第５号

7 適用日

令和２年４月１日以後に開始する事業年度（課税期間）から適用されています。

ポイント

３月決算法人を例にとると、消費税の電子申告義務化の適用開始時期は、次のとおりです。

1　消費税の中間申告（仮決算の中間申告）

・年１回の場合　　令和２年９月期以後が対象

・年３回の場合　　令和２年６月期以後が対象

・年11回の場合　　令和２年４月期以後が対象

2　消費税の期間特例の適用を受けている場合

・課税期間を３月とする場合　　令和２年６月期以後が対象

・課税期間を１月とする場合　　令和２年４月期以後が対象

電子申告義務化に伴い導入する利便性向上施策

第１章でご案内した「行政手続部会取りまとめ～行政手続コストの削減に向けて～」報告書には、次の記載があります（172～173ページ参照）。

> （注１）「国税」については、次の事情を踏まえ、削減目標とは別途の数値目標等を定める。
>
> （中略）
>
> ３．手続の電子化、簡素化等により、事業者の負担感減少に向けた取組を進める。
>
> ①　電子納税の一層の推進
>
> ②　e-tax の使い勝手の大幅改善（利用満足度に係るアンケートを実施し、取り組む）
>
> ③　地方税との情報連携の徹底（法人設立届出書等の電子的提出の一元化、電子申告における共通入力事務の重複排除等）

大法人での電子申告の利用率100％を数値目標とするにあたり、電子申告の手続を簡素化することで、事業者の負担感減少に向けた取組を進めることが明記されています。これは当時の電子申告の実施状況から判断しても、従来の電子申告の制度、手続のままで大法人での電子申告の利用率100％を目指すのは極めて困難であり、電子申告に更に事業者が取り組みやすくするための環境整備が必要と判断したものと捉えています。

そこで、今回の電子申告義務化に伴い、国税庁は申告書の電子化促進のための環境整備を図っています。以下に、電子申告義務化に伴い導入する利便性向上施策の一覧を掲載します。これらの施策は、経団連の会員企業の方々や税理士会などからの意見・要望を踏まえ、技術的な対応可能性の観点やコスト面などからの検討を行った上で実施することとなったものとのことで、今回の電子申告義務化の対象ではない中小法人も含めた全ての法人を対象としていることに注目すべきと判断しています。

すなわち、利便性向上施策を電子申告義務化対象でない中小法人でも適用できるようにすることで、中小法人でも電子申告の実施割合を高め、社会全体のコスト削減に繋げることができると考えられます。中小法人でもこれらの利便性向上施策を活用することで、「将来的に」「電子申告の義務化が実現される」ことに先行して取り組んで欲しいとの期待があるものと判断しています。

具体的な項目は次の16項目となり、令和２年６月時点で全て実施済みとなっています。

電子申告義務化に伴い導入する利便性向上施策

提出情報等のスリム化

　① イメージデータ（PDF 形式）で送信された添付書類の紙原本の保存不要化
　② 土地収用証明書等の添付省略（保存義務への転換）【書面申告も同様】
★③ 勘定科目内訳明細書の記載内容の簡素化【書面申告も同様】

データ形式の柔軟化

★④ 法人税申告書別表（明細記載を要する部分）のデータ形式の柔軟化（CSV 形式）
★⑤ 勘定科目内訳明細書のデータ形式の柔軟化（CSV 形式）
★⑥ 財務諸表のデータ形式の柔軟化（CSV 形式）

提出方法の拡充

★⑦ e-Tax の送信容量の拡大
★⑧ 添付書類の提出方法の拡充（光ディスク等による提出）

提出先のワンスオンリー化

　⑨ 連結納税の承認申請関係書類の提出先の一元化【書面申告も同様】
　⑩ 連結法人に係る個別帰属額等の届出書の提出先の一元化
★⑪ 法人事業税の申告における財務諸表の提出を不要

認証手続の簡便化

★⑫ 委任を受けた役員又は社員の電子署名による電子申告を可能
★⑬ 法人税申告における自署押印規定の見直し【書面申告も同様】

その他

　⑭ e-Tax 受付時間の更なる拡大
　⑮ 法人番号の入力による法人名称等の自動反映
　⑯ 法人税及び地方法人二税の電子申告における共通入力事務の重複排除

出典：「TKC 電子申告セミナー2020」（令和２年６月）国税庁作成資料

このうち項番の前に「★」を付した施策は、法人税申告書や添付書類を作成するに当たって利便性の向上が図られる施策と地方税との連携により申告書を提出するに当たって利便性の向上が図られる施策となります。

「★」を付した施策について、この後具体的に確認を進めます。

ポイント

1．電子申告義務化を円滑に進めるための環境を整備するため、様々な利便性向上の施策が実施された。

2．これらの利便性向上施策は、電子申告義務化対象法人でない中小法人でも適用できる。

1　勘定科目内訳明細書の記載内容の簡素化【書面申告も同様】

勘定科目内訳明細書については、特に大法人の場合、記載件数が膨大になること、また、取引の相手先を業務上、支店ごと、事業所ごとに管理していることが多い中で、明細書記載のために社内で相手先別に名寄せするのが大変だという意見があったとのことで、今回勘定科目内訳明細書の記載内容の簡素化を実施しています。

具体的には、平成31年４月以後に終了する事業年度の申告からは、記載すべき件数が100件を超える場合には、次の資料２-３-１の「見直し後」の「①記載省略基準の柔軟化（件数基準の創設）」のとおり、上位100件（個別に99件記載し、100件目にその他合計分）のみを記載する方法か、あるいは「②記載単位の柔軟化」のとおり、法人が支店・事業所別の合計金額を記載する方法を選んで記載できるようになりました。

あわせて、貸付金や受取利息の内訳書の「貸付理由」欄や借入金及び支払利子の内訳書の「借入理由」欄等について記載欄を削除し、記載不要とするなどの見直しも行われています。

資料２-３-１ ▶勘定科目内訳明細書の記載内容の簡素化【書面申告も同様】

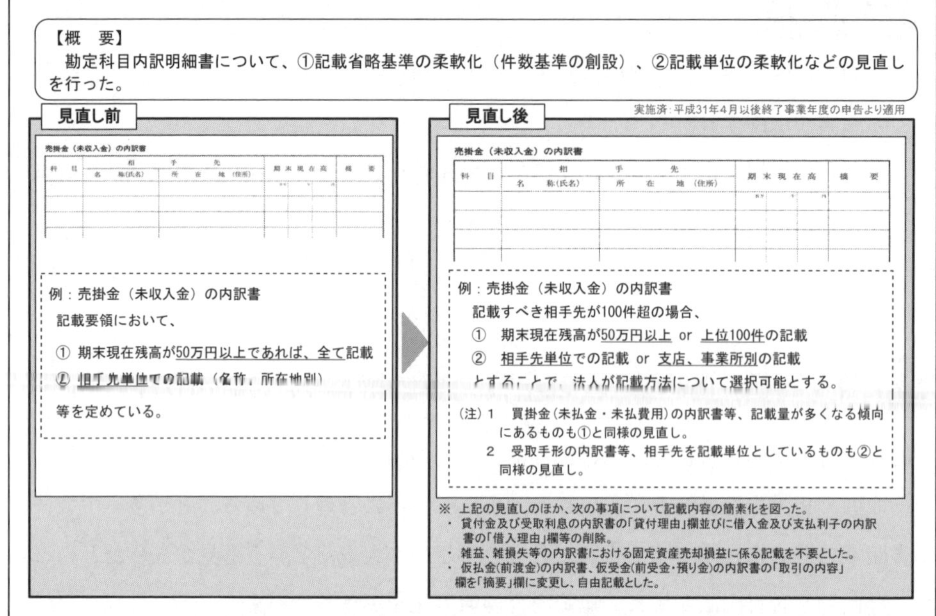

出典：「TKC 電子申告セミナー2020」（令和２年６月）国税庁作成資料

また、勘定科目内訳明細書の記載内容の簡素化に関する一覧と簡素化の考え方が次の資料２-３-２、２-３-３でまとめられていますので、以下で確認します。

資料２-３-２ ▶勘定科目内訳明細書の記載内容の簡素化事項一覧

内訳書名 ＼ 変更内容	①	②	③	④		⑤	⑥	⑦	⑧	⑨	⑩		⑪	⑫	⑬	⑭	⑮		⑯
	預貯金等	受取手形	売掛金	仮払金	貸付金及び受取利息	棚卸資産	有価証券	固定資産	支払手形	買掛金	仮受金	源泉所得税	借入金及び支払利子	土地の売上高等	売上高等の事業所別	役員給与等	地代家賃等	工業所有権等	雑益、雑損失等
A 記載省略基準の見直し	◎	○	○	○	○	◎	◎	◎	○	○	○	−	○	◎	−	−	◎	◎	○
B 記載単位の柔軟化	−	○	○	○	○	−	−	−	○	○	○	−	○	−	−	−	−	−	−
C 記載項目の削除等	−	−	−	○	○	○	−	○	−	−	○	−	○	−	○	−	−	−	○

〈変更内容の詳細〉
記載すべき件数が100件を超える場合（⑫については記載件数が多い場合）に、Ａ又はＢの記載によることも可能とします。

Ａ　記載省略基準の見直し
　記載量が多くなる傾向にある勘定科目を対象に、記載件数が100件を超える場合（⑫については記載件数が多い場合）には、上位100件のみ（⑫については上位20件のみ）を記載する方法
　◎…新たに記載省略基準を設けるもの
　○…現行の金額基準に加えて新たに記載省略基準を設けるもの

Ｂ　記載単位の柔軟化
　記載単位を（取引等の）相手先としている勘定科目を対象に、自社の支店、事業所別等の合計金額を記載する方法

Ｃ　記載項目の削除等
　Ａ、Ｂのほか、以下の項目について、記載項目の削除等を行う。
　「仮払金」及び「仮受金」……………………………「取引の内容」欄を「摘要」欄に変更し自由記載化。
　「貸付金及び受取利息」及び「借入金及び支払利息」…「貸付理由（借入理由）」欄の削除
　「棚卸資産」…………………………………………「期末棚卸の方法」欄の削除
　「売上高等の事業所別」……………………………「使用建物の延面積」欄の削除
　「雑益、雑損失」……………………………………「⑦固定資産」に記入している場合には、記載省略可能とする。

出典：「TKC 電子申告セミナー2020」（令和２年６月）国税庁作成資料

「Aの記載省略基準の見直し」については、

・「◎：二重丸」の科目は、これまで金額を問わず全件記載していたものを、新たに上位100件又は20件という記載基準を設けたもの、

・「○：一重丸」の科目は現行一定の金額基準があるもの

例えば、売掛金の内訳書については、従来、期末現在高が50万円以上のものについては、個別に記入し、その他は一括集計した上での記載となっていました。

に加え、新たに上位100件という記載基準を設けたものです。

「Bの記載単位の柔軟化」は自社の支店・事業所別等の記載が可能となった科目を示しています。

Aの記載内容の見直しとBの記載単位の柔軟化は、いずれかを選択していただくことになります。選択の考え方について、フローチャート形式で以下の資料2－3－3にまとめられていますので、ご確認ください。

資料2－3－3▶勘定科目内訳明細書の記載内容の簡素化の考え方

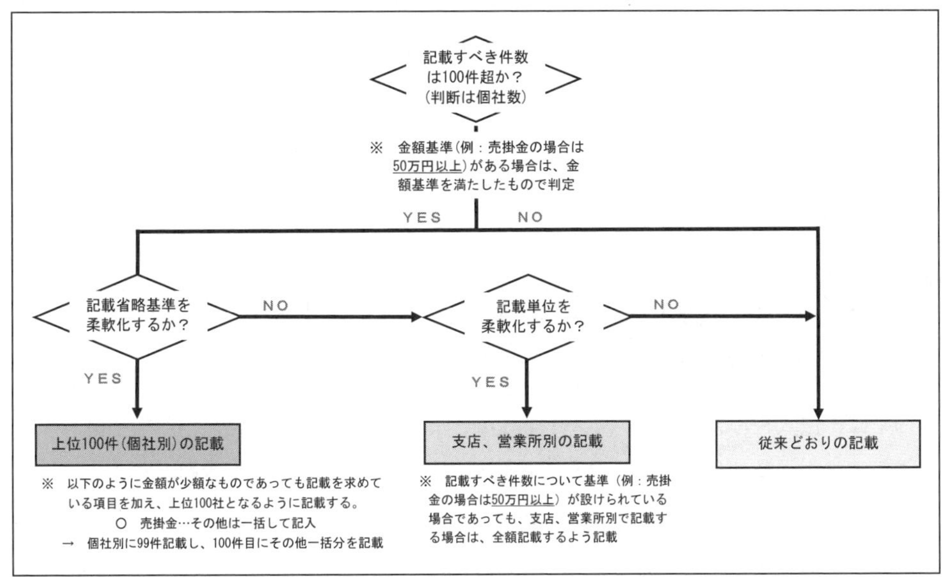

出典：「TKC電子申告セミナー2020」（令和2年6月）国税庁作成資料

上記のフローチャートでは、はじめに該当の勘定科目内訳明細書で記載すべき件数が100件を超えるかどうかを確認します。100件を超えない場合は、簡素化には該当せず従来どおりの記載となります。なお、この100件超の判定では金額基準がある場合には、金額基準を満たした件数で判定しますので、ご注意ください。

次に100件を超える場合は、左の記載省略基準の柔軟化の判定に移ります。件数が100件を超え、上位100件の記載を選択する場合は、一番左の「上位100件（個社別）の記載」

となります。下の注意書きにあるとおり、個社別に上位99件を記載し、100件目はその他一括分を記載することになります。

また、件数が100件を超え、上位100件の記載を選択しない場合は、次の記載単位の柔軟化の判定に移ります。記載単位の柔軟化を選択する場合は、中央の「支店、営業所別の記載」になります。なお、該当の勘定科目内訳明細書で記載すべき件数について基準が設けられている場合であっても、「支店、営業所別の記載」ではその基準が適用されずに全額記載することが求められていますので、ご注意ください。

最後に件数が100件を超え、記載省略基準の柔軟化を選択せず、かつ記載単位の柔軟化も選択しない場合には、従来どおりの記載となります。

以上のように記載省略基準の見直しと記載単位の柔軟化はいずれかの選択適用となります。

ポイント

1．勘定科目内訳明細書では、記載省略基準が上位100件までの記載と見直され、また、支店・事業所別の記載が可能となる記載単位の柔軟化が図られた。
2．記載省略基準の見直しと記載単位の柔軟化はいずれかの選択適用となることに注意が必要である。

2　法人税申告書別表（明細記載を要する部分）等のデータ形式の柔軟化（CSV 形式）

例えば、法人税申告書別表六（一）は、配当等に係る所得税の税額控除額を計算するための別表で、銘柄毎に収入金額や所得税額等の明細を記載する必要があります。

特に、記載件数が多数に上る大法人の場合には、同一の別表等を膨大な枚数作成する必要が生じ非効率だ、という意見があったようで、かつ電子申告の場合には、明細記載部分も含めて全て XML 形式で送信する必要があり対応が困難であるとの意見もあったようです。そのため、明細記載部分（別表の明細記載を要する部分、勘定科目内訳明細書も同様）については、CSV 形式で提出できるようにしたものです。この具体的な方法、手順等は勘定科目内訳明細書と同様ですので、詳細な説明は第３章の勘定科目内訳明細書の説明をご参照ください。

3　財務諸表のデータ形式の柔軟化

従来e-Taxでは、財務諸表をXBRL形式で提出することになっていました。XBRL形式を採用した理由は、XBRL形式は企業開示で使用されている国際的な標準形式であり、我が国でも上場企業の「有価証券報告書」はこの形式で提出するよう義務付けられ、実際に作成されているところから、これに合わせた対応と考えられています。

しかし、有価証券報告書用のXBRLデータと電子申告用のXBRLデータで次のような相違があり、有価証券報告書用のXBRLデータを活用して電子申告用のXBRLデータを作成することが困難な状況下にあったと判断しています。

・勘定科目体系の相違

有価証券報告書用のXBRLデータでは業種別に約6,400の勘定科目が用意されているのに対して、e-Taxで利用できる勘定科目は約1,600となっている。

・保持しているデータの金額単位等

有価証券報告書用のXBRLデータでは入力単位が百万円になっている等、申告書に添付する書類のデータとしてそのまま活用するのが困難である。

そこで、e-Taxで利用できる勘定科目と「有価証券報告書」の勘定科目をシステム的に紐付けできるよう、国税庁において、企業開示で標準的に使用されている約6,400の勘定科目ごとに勘定科目コードを策定・公表しています。併せて、これを含むデータをCSV形式で提出することを可能にし、そのデータ作成用の「標準フォーム」をe-Taxホームページにて提供しています。この具体的な作成手順等については、第3章で詳しくご紹介します。

ポイント

1. 申告書別表の明細記載部分と勘定科目内訳明細書については、従来のXML形式での送信に加え、CSV形式での提出が可能となった。
2. 財務諸表についても同様に、従来のXBRL形式での送信に加え、CSV形式での提出が可能となった。

4　e-Taxの送信容量の拡大

従来、e-Taxで送信する１回当たりの最大容量が、申告書は10MB（メガバイト）、添付書類は1.5MBだったものを、平成31年１月から、申告書は20MB、添付書類は8

MB にそれぞれ拡大させています。添付書類の８MB は、画質等にもよりますが PDF 形式のファイルで概ね100枚程度のデータが添付できる容量になります。

先ほどご説明した記載内容の簡素化やデータ形式の柔軟化とあわせて、この送信容量の拡大で大半の法人は全ての書類をオンラインで送信できるようになると見込んでいるとのことです。

なお、添付書類のデータは追加送信が最大10回まで可能ですので、合計で最大で88MB まで送信が可能です。以下に概念図の資料を掲載しますので、ご確認ください。

資料2-3-4 ▶ e-Tax の送信容量の拡大

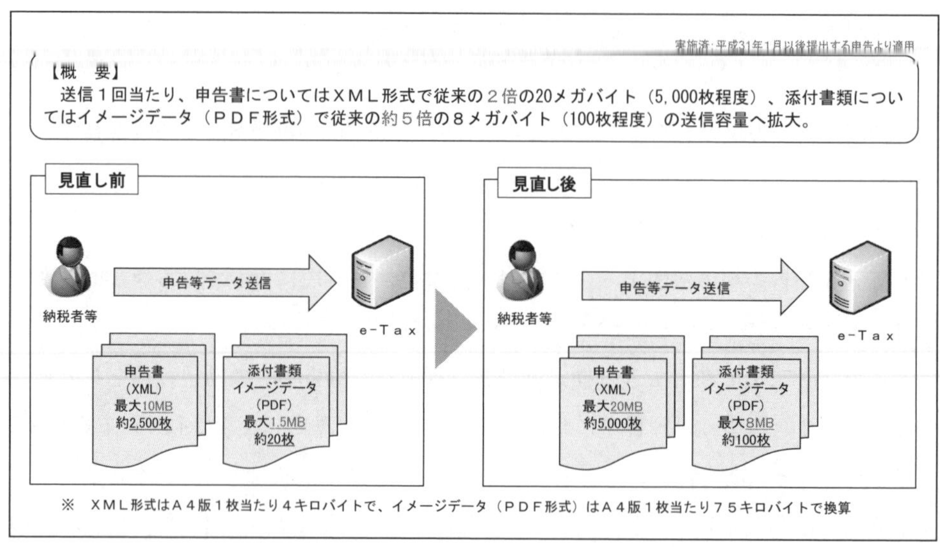

出典：「TKC 電子申告セミナー2020」（令和２年６月）国税庁作成資料

5　添付書類の提出方法の拡充（光ディスク等による提出）

一部の大法人の法人税申告には、租税特別措置法の適用や海外子会社の数が多数に上るなどの理由で、添付書類が膨大になるケースがあります。こうした場合には、追加送信をするのにも時間がかかるなど、すべてを電子申告しようとすれば、かえって申告を効率的に行えないおそれがあります。そこで、申告書の添付書類に係る一部のデータについては、光ディスクでのデータ提出も可能ということにしています。

ただし、光ディスクでの提出には提出できる添付書類や e-Tax での送信と同じように添付書類の種類によってデータ形式が決まっていますのでご留意ください。

なお、光ディスクの提出が認められるのは申告書の添付書類のみであり、全ての申告書のデータをまとめて提出することはできないため、大半の企業では、申告書を e-Tax で、添付書類を光ディスクでといった形にわざわざ分けて提出するメリットはないと考えています。

ポイント

1．e-Tax送信１回当たりの容量が申告書で20ＭＢ、添付書類で８ＭＢに拡大された。追加送信も含めると添付書類は88ＭＢ（1,100枚程度）まで送信できる。

2．添付書類等は光ディスクでのデータ提出も可能だが、e-Taxで送信する際と同様のデータ形式でデータを格納する必要がある。

6　法人事業税の申告における財務諸表の提出が不要に

外形標準課税が適用される法人においては、従来、国に対する法人税の申告、地方に対する法人事業税の申告それぞれにおいて財務諸表の添付が求められていたため、企業からすると行政に対して同じ財務諸表を何度も提出している実態がありました。

この非効率を解消するため、地方税法が改正され、電子申告を行う法人の法人税申告書に財務諸表が電子データとして添付されている場合、法人事業税においても提出したこととみなされ、財務諸表の提出が不要となりました。

法人事業税の申告に添付が必要な財務諸表は、情報連携（バックオフィス連携）により国税庁から地方公共団体に提供されるようになりました。

具体的には、法人税の電子申告をする際に、その財務諸表データをe-TaxのシステムがeLTAXのシステムを通じて該当する地方公共団体に転送するといった仕組みになっています。

7　法人納税者の認証手続の簡便化

法人納税者の認証手続に関しては、以下の２つの問題点がありました。

①　法人税法上、法人税の申告書に法人の代表者と経理責任者の両方の自署と押印が必要であることを受けて、電子申告にあっても法人代表者と経理責任者の両方の電子署名及び電子証明書が必要とされていたこと

②　株主総会と申告期限が近接している企業が多く、株主総会で代表取締役が変更となった場合、新しい商業登記認証などを入手するのに２週間ほどかかるため、代表取締役の認証取得が申告期限に間に合わないということ

そこで平成30年度税制改正において、次の改正が行われています。

上記①の課題への対応として、書面での申告の場合は代表者及び経理責任者の自署・押印は不要とし、電子申告の場合には経理担当者の電子署名等が不要になりました。

また、上記②の課題への対応として、法人が行う電子申告については、代表者が自ら電子署名をする代わりに、委任状を添付の上、代表者から委任を受けた役員若しくは社員の電子署名でも可能ということになりました。

以上の内容をまとめた資料を以下に掲載しますので、ご確認ください。

資料２-３-５▶法人納税者の認証手続の簡便化

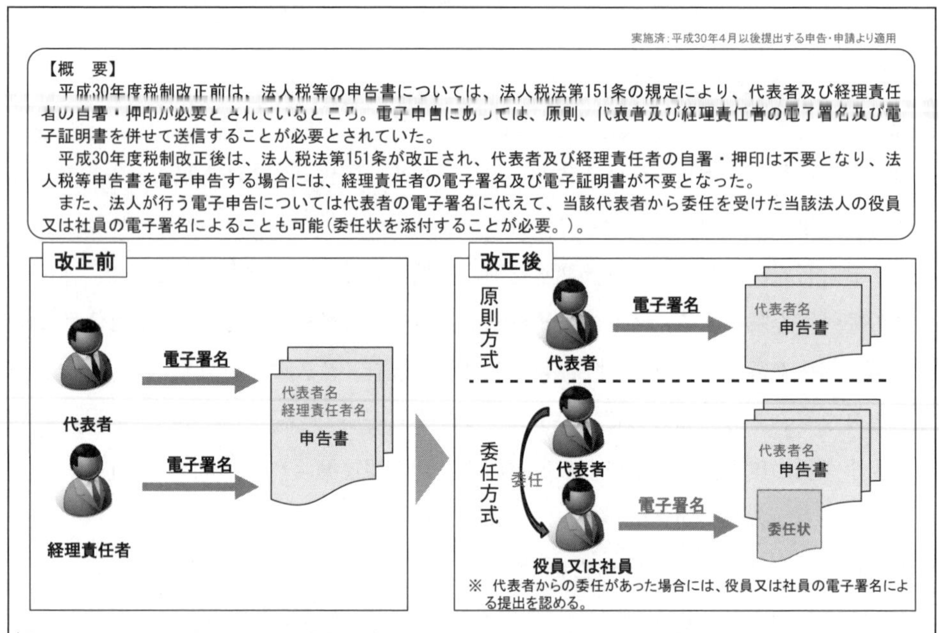

出典：「TKC 電子申告セミナー2020」（令和２年６月）国税庁作成資料

なお、地方税 eLTAX においても、法人の代表者から委任を受けた者（当該法人の役員及び職員に限る。）の電子署名及びその電子署名に係る電子証明書を送信することにより、当該代表者の電子署名及び電子証明書の送信を要しないこととなっています。

しかし、eLTAX で代表者の電子署名を省略するためには、次のような手順で受任者の電子署名により申告・申請等を行う必要があり、国税 e-Tax とは手順や手続の内容が異なりますので、ご注意ください。

なお、今のところ、eLTAX では法人の代表者と受任者の委任関係を電子的に実現する電子委任状「電子証明書方式」については対応しておりません。電子委任状情報の記載のない受任者の電子証明書をご利用ください。

eLTAXで代表者の電子署名を省略するために、受任者の電子署名により申告・申請等を行う手順

1　任意のフォーマットに必要な項目を記入して作成した委任状に、代表者印を押印の上、PDF形式にします。
（委任状への電子署名の付与は必須ではありません。）

2　eLTAXに、受任者の電子証明書を登録します。
（既に法人の代表者の電子証明書を登録している場合は、受任者の電子証明書へ変更をします。）

3　申告・申請等データに、1で作成した委任状を添付するとともに、受任者の電子証明書により電子署名を付与して送信します。

項番	記載事項	記載（例）
1	国税庁が指定する法人番号（必須）	1234567890123
2	法人の商業登記における法人名称（必須）	株式会社　地方税商事
3	法人の商業登記における法人所在地（必須）	東京都千代田区永田町1-11-32
4	法人の代表者名（必須）	地方税　太郎
5	受任者の氏名（必須）	地方税　花子
6	受任者の役職・肩書き（必須）	経理部長
7	代理権の内容（必須）	法人市町村民税確定申告（※1）（※2）
8	委任期間（必須）	平成○年○月○日から平成○年○月○日
9	委任理由（任意）	「代表者の変更に伴うもの。」等
10	その他参考となる事項（任意）	−

（※1）　委任状は、申告・申請等のたびに添付していただく必要がありますので御注意ください。
（※2）　代理権の内容については複数手続きを記載していただき、各手続きの申告・申請等データに添付して御利用いただくことが可能です。

出典：地電協第34号「法人の代表者から委任を受けた者の署名緩和について」

ポイント

1．電子申告の場合、経理責任者の電子署名等が不要となった。
2．代表者の代わりに、代表者から委任を受けた役員もしくは社員の電子署名でも電子申告が可能となった。
3．代表者の代わりに委任者の電子署名により申告・申請等を行う手順が、国税e-Taxと地方税eLTAXで異なっている。

第3章

添付書類（財務諸表と勘定科目内訳明細書）の電子データ作成、提出

極めて低い添付書類の電子申告実施割合

財務諸表と勘定科目内訳明細書については、従来から電子データによる提出が可能となっていますが、法人税申告書別表と比較すると電子申告の実施割合は低いのが現状です。以下に、株式会社TKCが令和元年８月に開催した「TKC電子申告セミナー2019」のアンケート結果を掲載し、実施割合を確認します（巻末資料189ページ参照）。

<参考>

令和元年８月開催「TKC電子申告セミナー2019」のアンケート結果より（参加者1,000名）

電子申告を実施している帳票についてお聞かせください。（複数回答可）

法人税申告書（全部）:32.8%、法人税申告書（一部）:26.8%、地方税申告書（全部）：42.0%、地方税申告書（一部）：17.7%、消費税申告書：67.6%、

財務諸表：3.7%、勘定科目内訳明細書：3.9%、

会社事業概況書（法人事業概況説明書）：19.7%

このセミナーには、資本金１億円超の電子申告義務化対象法人の税務責任者、担当者が中心に参加されており、参加者の92.5%の方が資本金１億円超の電子申告義務化対象法人に所属されていることから、電子申告義務化対象法人の実態をある程度反映しているものと考えています。

アンケート結果では、法人税申告書（全部、一部）について電子申告を実施している割合が59.6%と、第１章で示した国税庁作成資料での大規模法人でのe-Tax利用割合56.9%と近い結果となっています。一方で、財務諸表で3.7%、勘定科目内訳明細書で3.9%と添付書類の電子申告実施割合は極めて低く、ほとんどの電子申告義務化対象法人で添付書類は書面で申告している実態が分かります。実際に著者が確認するところでも、添付書類を含め電子申告している企業は極めてまれであり、今回の電子申告義務化対応では、多くの企業で添付書類の電子申告が実務上最大の課題となることは明らかであると捉えています。

それでは、なぜ、添付書類の電子申告の実施が進まないのでしょうか。その要因とし

て、財務諸表についてはXBRL形式、勘定科目内訳明細書についてはXML形式での提出が求められていることが挙げられています。そこで、今回国税庁から「電子申告義務化に伴い導入する利便性向上施策」として「財務諸表のデータ形式の柔軟化（CSV形式）」と「勘定科目内訳明細書のデータ形式の柔軟化（CSV形式）」が公表されました。

この施策により財務諸表と勘定科目内訳明細書については、国税庁指定の標準フォームに合わせたデータをCSV形式で用意することで、電子データの提出が可能となっています。

なお、今回「電子申告義務化に伴い導入する利便性向上施策」としてCSV形式による提出が可能となりましたが、従来のXBRL形式（財務諸表）、XML形式（勘定科目内訳明細書）での提出も引き続き可能となっています。

以上の内容が国税庁作成資料にまとめられていますので、以下で確認します。

資料3-1▶法人税申告書の添付書類について

○提出可能なデータ形式

添付書類	従来のデータ形式	追加したデータ形式
法人税申告書別表	XML形式	CSV形式※
財務諸表	XBRL形式	CSV形式
勘定科目内訳明細書	XML形式	CSV形式
法人（会社）事業概況書	XML形式	—
適用額明細書	XML形式	—
第三者作成等の書類	PDF形式	—

※別表の明細記載を要する部分のみとなります。

○従来のデータ形式での作成方法（e-Taxソフト(PC版)を使用した場合）

勘定科目内訳明細書等（XML形式）

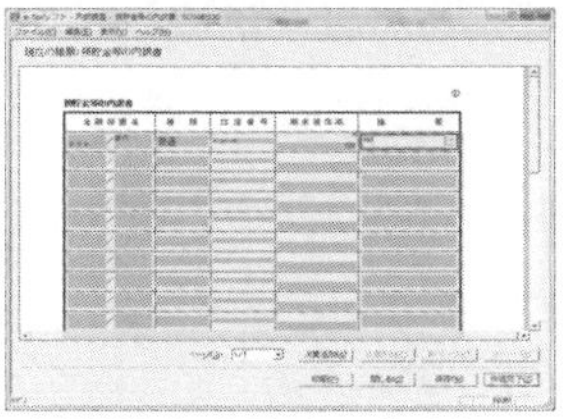

金融機関名等の各項目を1つずつ入力

問題点とアプローチ

・勘定科目内訳明細書及び明細部分の記載項目が多い場合、各項目の入力作業に膨大な時間が必要
・財務諸表で使用している勘定科目の名称及び順番が異なる場合、e-Taxソフト(PC版)に合わせるための変更作業が煩雑

※CSV形式データでの提出を可能とすることで、添付書類データの作成に当たっては、法人が作成しているデータ(エクセル等)を活用し容易に作成が可能

財務諸表（XBRL形式）

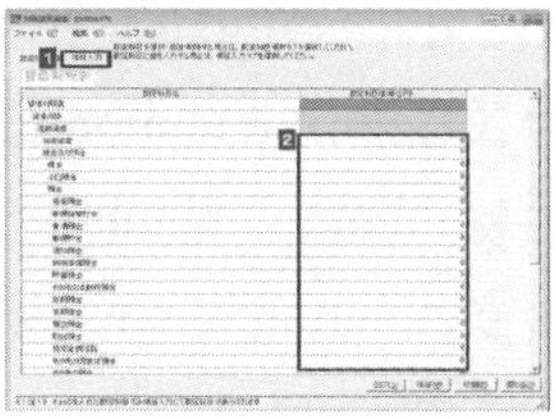

勘定科目を選択し、金額を1つずつ入力

出典：「TKC電子申告セミナー2020」（令和2年6月）国税庁作成資料

この資料の中にある「問題点とアプローチ」について、今一度確認したいと考えています。

・勘定科目内訳明細書及び明細部分の記載項目が多い場合、各項目の入力作業に膨大な時間が必要
・財務諸表で使用している勘定科目の名称及び順番が異なる場合、e-Tax ソフト（PC 版）に合わせるための変更作業が煩雑

▼

※ CSV 形式データでの提出を可能とすることで、添付書類データの作成に当たっては、法人が作成しているデータ（エクセル等）を活用し容易に作成が可能

ここでは、「法人が作成しているデータ（エクセル等）を活用し容易に作成が可能」という記載が非常に重要です。今回の電子申告義務化対応で、国税庁は第２章で説明した利便性向上施策を用意し、なるべく電子申告しやすい環境整備に取り組みましたが、とりわけ現在、実施割合が著しく低い添付書類の電子申告については、できるだけ現在企業側で有しているデータをそのまま活用できるよう制度設計を図っていることを理解する必要があります。これには、次のような判断があったものと考えています。

① それぞれの添付書類の記載項目（例えば、財務諸表であれば、勘定科目名や金額等）については、既に何かしらの形で企業側でデータとして保有している。
② フォーマットを指定しながらも、コピー、貼付け等の加工が容易な CSV データでの提出を可能とすることで、企業側で添付書類の電子申告データが（容易に）作成できる。

そこで、この後は添付書類（財務諸表と勘定科目内訳明細書）の電子申告として、勘定科目内訳明細書については「預貯金等の内訳書」を例に、財務諸表については「貸借対照表」を例に、電子申告にあたり整備が必要となる国税庁の標準フォームの具体的な作成要領について説明します。

ポイント

1．財務諸表と勘定科目内訳明細書の電子申告割合は極めて低い。
2．財務諸表と勘定科目内訳明細書の電子申告義務化対応では、既に企業側で保有しているデータをそのまま活用できるよう CSV 形式データでの提出を可能としている。

Ⅱ 勘定科目内訳明細書のCSV形式データの作成要領

勘定科目内訳明細書のCSV形式による提出については、国税庁ホームページに「CSV形式データ作成に当たっての共通留意事項」、「各標準フォーム等」が掲載されています(http://www.e-tax.nta.go.jp/hojin/gimuka/csv_jyoho2.htm)。

ホームページ上で、一つ一つの勘定科目内訳明細書について、「標準フォーム（Excel形式)」や「留意事項等」が掲載されており、こちらに記載のとおりにデータを作成することになります。

ここでは、「預貯金等の内訳書」を例に具体的な作成手順を確認します。

資料3-2 ▶ CSV形式によるデータ作成の例示

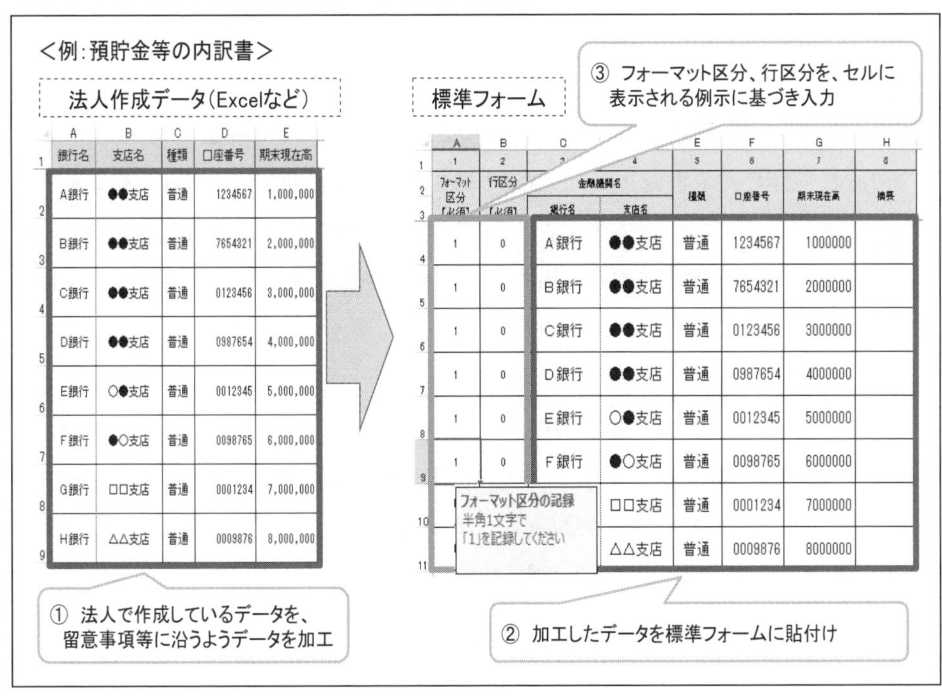

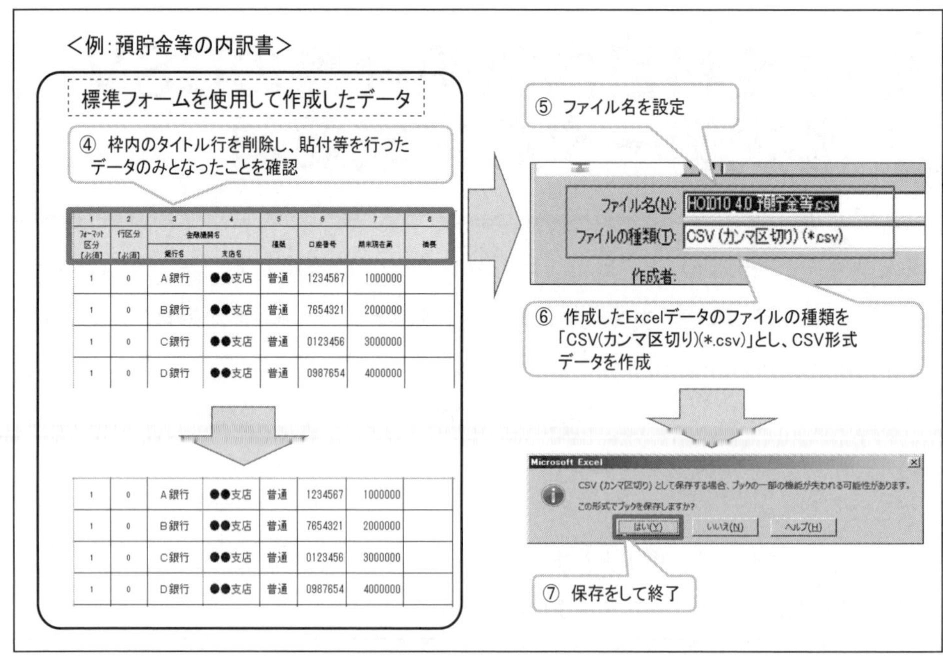

出典：「TKC 電子申告セミナー2020」（令和２年６月）国税庁作成資料

①　法人で作成しているデータを、留意事項に沿うようデータを加工

前述の「TKC 電子申告セミナー2019」のアンケート結果でも、62.4％の参加者が会計システムや業務システム等から出力されたデータを加工して勘定科目内訳明細書を作成していると回答しており（巻末資料（191ページ）参照）、多くの大法人ではスプレッドシートで勘定科目内訳明細書を作成しているものと判断しています。現在、作成しているデータを今回の国税庁指定の標準フォームに合わせるようデータを加工することが第一ステップの業務になります。具体的に「預貯金等の内訳書」では、金融機関名や支店名は「全角」、口座番号や期末現在高は「半角」等の入力文字基準が定義されていますので、この留意事項に合わせてデータを加工する必要があります。

②　加工したデータを標準フォームに貼付け

加工したデータを、国税庁指定の標準フォームの該当箇所に貼り付けます。「銀行名」の列には金融機関名のデータ等、標準フォームで指定している列に正しく所定のデータを貼り付ける必要があります。

③　フォーマット区分、行区分を、セルに表示される例示に基づき入力

国税庁指定の標準フォームには、一般的には企業側で管理していない項目が存在します。「フォーマット区分」、「行区分」等がこれに該当し、それぞれ留意事項に記載の内容を標準フォームに入力する必要があります。

「フォーマット区分」は預貯金の内訳書では「1」、受取手形の内訳書では「2」と定義されており、定義どおりの数値を入力する必要があります。

「行区分」は明細行（当該勘定科目内訳明細書の明細部分）の場合は「0」を、合計行（当該勘定科目内訳明細書の合計部分）の場合は「1」を入力する等のルールに基づきデータを整備します。

④　枠内のタイトル行を削除し、貼付等を行ったデータのみとなったことを確認

国税庁指定の標準フォームにはあらかじめタイトル行がありますので、データが整備できた段階でタイトル行を削除します。

⑤　ファイル名を設定

「CSV形式データ作成に当たっての共通留意事項」の中で、ファイル名については次の記載があります。

> ファイル名の命名規則（原則）
>
> ファイル名については、以下の形式で記録してください。
>
> 「様式ID_バージョン.csv」
>
> 【注意】　ファイル名に誤りがある場合、作成されたファイルが何の書式データであるか判別が付かず、送信ができませんのでご注意ください。

各勘定科目内訳明細書の様式IDとバージョンを確認した上で、ファイル名を設定します。設定すべきファイル名は、預貯金等の内訳書では「HOI010_4.0.csv」、受取手形の内訳書では「HOI020_3.0.csv」等、国税庁ホームページに記載がありますので、ご確認ください。

⑥　作成したExcelデータのファイルの種類を「CSV（カンマ区切り）(*.csv)」とし、CSV形式データを作成

⑦　保存をして終了

ポイント

1．勘定科目内訳明細書のCSVデータは、国税庁指定の「標準フォーム」に合わせる必要がある。
2．「標準フォーム」には、フォーマット区分、行番号等「標準フォーム」固有の項目がある。
3．CSVファイルのファイル名についても命名規則が定められている。

財務諸表のCSV形式データの作成要領

(1)　概要

財務諸表のCSV形式による提出についても、国税庁ホームページに「CSV形式データ作成に当たっての留意事項」、「勘定科目コード表及び標準フォーム」が掲載されています（https://www.e-tax.nta.go.jp/hojin/gimuka/csv_jyoho4.htm）。

「勘定科目コード表及び標準フォーム」は、財務諸表（貸借対照表）、財務諸表（損益計算書）及び財務諸表（その他）に分かれて掲載されており、財務諸表（その他）では、「製造原価報告書」、「個別注記表」、「株主資本等変動計算書」、「社員資本等変動計算書」、そして「損益金の処分表」の「勘定科目コード及び標準フォーム」が掲載されています。

財務諸表のうち貸借対照表と損益計算書については、金融商品取引法に基づく有価証券報告書等の開示に関する電子開示システム（EDINET）の23業種6,400の勘定科目に対応した標準フォームが公開されています。今回の財務諸表の電子申告にあたり、上場企業では有価証券報告書をEDINETで提出していることに鑑み、e-Taxで利用できる勘定科目数を有価証券報告書に合わせることで、EDINETで利用している勘定科目をそのまま利用可能とする環境整備を図っています。EDINETの勘定科目に関連付けした国税庁独自の「勘定科目コード」を公表しており、EDINETとの関係性に留意する必要が出てきています。

国税庁のホームページで公開されている「CSV形式データのレコードの内容等」では、次の記載がありますので、ご確認ください（http://www.e-tax.nta.go.jp/hojin/gimuka/csv_jyoho4_5_1.pdf）。

CSV形式データのレコードの内容等

財務諸表をCSV形式データで作成する場合、「(2)　CSV形式データ作成に当たっての留意事項」及び以下の設定規則等に沿って作成すると、当該CSV形式データをe-Taxソフト等で送信する際に、XBRL形式に変換され、帳票イメージを表示することが可能です。

【CSV 形式データの設定規則等】

財務諸表の CSV 形式データについては、5列（5カラム）で作成する必要があります。

（データ作成例：貸借対照表、「一般商工業」）

項番1 （1カラム目） 種別又は勘定科目	項番2 （2カラム目） 内容又は金額等	項番3 （3カラム目） 行区分	項番4 （4カラム目） 階層番号	項番5 （5カラム目） 勘定科目コード
A	BS			
B	サンプル株式会社			
C1	2019-04-01			
C2	2020-03-31			
貸借対照表				
資産の部		T	2	10A000010
流動資産		T	3	10A100010
現金及び預金	1000	1	4	10A100020
受取手形及び売掛金	2000	1	4	10A100030
貸倒引当金	－1000	1	5	10A100040
受取手形及び売掛金（純額）	1000	1	5	10A100050

財務諸表の CSV 形式データの作成に当たっては、次の1から5までの各項番の設定規則に沿って作成いただくようお願いします。

項番	項目名	留意事項
1	種別又は勘定科目	「種別又は勘定科目」は、次の設定規則に沿って、記録願います。 **【設定規則】** **(1)　種別の記録** 1つのCSVファイルに対して、1～4行目は半角文字で「A→B→C1→C2」の順に記録し、5行目には全角文字で「財務諸表名」を記録願います。

行数	種別又は勘定科目		内容
1	半角	A	財務諸表種別
2	半角	B	法人名
3	半角	C1	事業年度（自）
4	半角	C2	事業年度（至）
5	全角	（※財務諸表名から選択）	財務諸表名

<table>
<tr><th>項番</th><th>項目名</th><th>留意事項</th></tr>
<tr><td></td><td></td><td>
※財務諸表名
<table>
<tr><td>貸借対照表</td><td>株主資本等変動計算書</td></tr>
<tr><td>損益計算書</td><td>社員資本等変動計算書</td></tr>
<tr><td>製造原価報告書</td><td>損益金の処分表</td></tr>
<tr><td>個別注記表</td><td></td></tr>
</table>
〔２種類以上の財務諸表を１つのCSVファイルで作成する場合〕
２種類以上の財務諸表を１つのCSVファイルで作成する場合、２種類目以降の財務諸表については、「A」（財務諸表種別）を記録した次の行は、「B」、「C1」及び「C2」は記録せず、「財務諸表名」のみを記録願います※。
なお、同じ種類の財務諸表については、１つのCSVファイルに１回のみ記録願います。
また、「財務諸表名」について、「株主資本等変動計算書」、「社員資本等変動計算書」及び「損益金の処分表」は、１つのCSVファイルにいずれか１つのみを記録願います。
※作成例につきましては、６頁（参考１）をご確認願います。
⑵　勘定科目の記録
使用している勘定科目を全角及び半角文字で記録願います。
なお、空白スペースを使用している場合は、１文字として認識し、「空白スペース」として取り扱います。
また、勘定科目については、文字列を改行※することはできません。
※　文字列の改行については、「⑵　CSV形式データ作成に当たっての留意事項」の⑺ロをご確認願います。
</td></tr>
<tr><td>2</td><td>内容又は金額等</td><td>
「内容又は金額等」は、次の設定規則に沿って、記録願います。なお、「内容」については、次の入力基準に沿って記録願います。
【入力基準】
<table>
<tr><th>行数</th><th>種別又は勘定科目</th><th colspan="2">内容</th></tr>
<tr><td>1</td><td>A</td><td>半角</td><td>財務諸表種別</td></tr>
<tr><td>2</td><td>B</td><td>全角</td><td>法人名</td></tr>
<tr><td>3</td><td>C1</td><td>半角</td><td>事業年度（自）</td></tr>
<tr><td>4</td><td>C2</td><td>半角</td><td>事業年度（至）</td></tr>
<tr><td>5</td><td>（※財務諸表名から選択）</td><td colspan="2">入力不要</td></tr>
</table>
なお、６行目以下の「金額及び文字（以下「金額等」といいます）」については、金額（数値）のみを記録する場合は<u>半角</u>で<u>16文字以内</u>（「－（マイナス）」1文字を含むため、最大15文字（桁）まで記録が可能）、文字を入力する場合は<u>全角及び半角文字</u>で記録願います。
</td></tr>
</table>

<table>
<tr><th>項番</th><th>項目名</th><th>留意事項</th></tr>
<tr><td></td><td></td><td>
【設定規則】
⑴ 「種別又は勘定科目」に「A」を記録した場合
作成する財務諸表に応じた次の「内容」を半角文字で記録願います。
なお、「SS」、「SE」、「SR」は、１つのCSVファイルにいずれか１つのみ記録願います。
<table>
<tr><th>財務諸表名</th><th>内容</th><th>財務諸表名</th><th>内容</th></tr>
<tr><td>貸借対照表</td><td>BS</td><td>株主資本等変動計算書</td><td>SS</td></tr>
<tr><td>損益計算書</td><td>PL</td><td>社員資本等変動計算書</td><td>SE</td></tr>
<tr><td>製造原価報告書</td><td>SC</td><td>損益金の処分表</td><td>SR</td></tr>
<tr><td>個別注記表</td><td>NT</td><td></td><td></td></tr>
</table>
⑵ 「種別又は勘定科目」に「B」を記録した場合
法人名を全角50文字以内で記録願います。
⑶ 「種別又は勘定科目」に「C1」又は「C2」を記録した場合
表示形式を「文字列」に設定し、半角文字でYYYY-MM-DDの形式で記録願います。
(例) 「2020年４月１日→2020-04-01」
⑷ 「種別又は勘定科目」に財務諸表名を記録した場合
入力不要です。
⑸ 金額等を記録した場合
半角文字の「,（カンマ）」は記録しないでください。
また、表示形式の「数値（桁区切り）」等で「,（カンマ）」を表示している場合は、表示形式を「標準」に設定願います。
⑹ 「勘定科目コード」に「タイトル項目※」を記録した場合
入力不要です。
※　タイトル項目とは、「勘定科目コード表（以下「コード表」といいます。）」内の「タイトル項目」欄に「○」が付された勘定科目コード（以下「コード」といいます。）のことをいいます。
(例) 「10A000010：資産の部」、「10A100010：流動資産」及び「10A200010：固定資産」など。
</td></tr>
<tr><td>3</td><td>行区分</td><td>
「行区分」は、次の設定規則に沿って、半角１文字で記録願います。
【設定規則】
⑴ 「種別又は勘定科目」が「A」、「B」、「C1」、「C2」又は財務諸表名の場合
入力不要です。
⑵ 「内容又は金額等」に金額のみを記録した場合（「金額型」）
半角文字で「1」を記録願います。
⑶ 「内容又は金額等」に文字を記録した場合（「金額型以外」）
半角文字で「2」を記録願います。
⑷ 「勘定科目コード」に「タイトル項目」を記録した場合及び「コード表」にないコードを設定し、「内容又は金額等」に記録しない場合（「種別又は勘定科目」に「財務諸表名」を記録した場合は除きます。）
半角文字で「T」を記録願います。
</td></tr>
</table>

項番	項目名	留意事項
4	階層番号	「階層番号」は、次の設定規則に沿って、半角４文字以内で記録願います。 なお、「階層番号」については、XBRL 変換後、帳票化した場合に、勘定科目が表示される列に反映されます。 （例）「流動資産」と「現金及び預金」を１列ずらして表示したい場合 勘定科目名／階層番号：流動資産／3、現金及び預金／4 ⇒ 帳票表示イメージ：流動資産 　現金及び預金 **【設定規則】** **⑴　階層番号の記録** 使用している勘定科目の階層番号を「2」(注)以上の整数で記録願います。記録する勘定科目の階層番号は、１つ上の行に記録した勘定科目の階層番号より大きい数字を記録する場合は、２以上大きな数字を記録しないでください。 なお、１つ上の行に記録した勘定科目の階層番号より小さい数字を記録する場合は、２以上小さい数字を記録しても差し支えありません。 また、１つ上の行に記録した勘定科目の階層番号と同じ数字を記録しても差し支えありません。 （注）階層番号「1」については、５行目の「財務諸表名」の階層番号となりますので、使用しないでください。 **⑵　「種別又は勘定科目」が「A」、「B」、「C1」、「C2」又は財務諸表名の場合** 入力不要です。
5	勘定科目コード	「コード」は、記録した勘定科目に対応するコードを半角20文字以内で記録願います。 **【設定規則】** **⑴　記録した勘定科目のコードが<u>コード表にある場合</u>** コードは、作成する財務諸表のコード表内に記載されているコード※を記録願います（他の財務諸表のコードは使用しないでください。）。 なお、同じコードを重複して記録しないでください（「繰り返し設定可能勘定科目コード」は除きます。）。 ※コードの区分等につきましては、６頁（参考２）をご確認願います。 **⑵　記録した勘定科目のコードが<u>コード表にない場合</u>** 法人において独自の勘定科目を使用されている場合などで、コード表に記載のない勘定科目（以下「独自科目」といいます。）については、次のいずれかの対応によりコードの記録を行ってください。 ①　独自科目より上の行に記録した勘定科目で、独自科目及びその他の勘定科目との合計又はタイトル（表題）となる勘定科目のコードに枝番（「－（ハイフン）」＋「正の整数」）を付して記録願います。 （例）独自科目のタイトルが「流動資産」（タイトル項目）の場合 「10A100010※→10A100010-1」 ※「一般商工業」の「流動資産」（タイトル項目）のコード

　なお､独自科目より上に記録した勘定科目がない場合などの､コードの設定方法については､「勘定科目コード表に記載のない勘定科目コード等の設定方法について」をご参照ください。
②　コード表内に記載されている勘定科目から、類似した勘定科目を選択し、当該勘定科目のコードを記録願います。
　なお､業種番号が異なるコードを記録しても差し支えありません。
　なお、コードの記録に当たっては、原則、コード表に記載のあるコードから記録が可能です（上記(2)①は除きます。)。上記(2)①の記録方法についても、枝番を設定するコードは、コード表に記載のあるコードのみ枝番の設定が可能です。

（参考１）複数の財務諸表を１つのCSVファイルに作成する場合の作成例

種別又は勘定科目	内容又は金額等	行区分	階層番号	勘定科目コード
A	BS			
B	サンプル株式会社			
C1	2019-04-01			
C2	2020-03-31			
貸借対照表				
資産の部		T	2	10A000010
流動資産		T	3	10A100010
現金及び預金	1000	1	4	10A100020
受取手形及び売掛金	2000	1	4	10A100030
貸倒引当金	－1000	1	5	10A100040
受取手形及び売掛金(純額)	1000	1	5	10A100050
＜貸借対照表の最後のデータ＞				
A	PL			
損益計算書				
営業活動による収益		T	2	10D100010
売上高		T	3	10D100020
売上高	1000	1	4	10D100030
営業収益		1	3	10D100040

（参考２）勘定科目コードの区分等

　令和２年４月よりe-Taxで財務諸表をCSV形式データにより送信する場合に使用する「勘定科目コード」は、財務諸表種類ごとに次のように区分し、作成しています。

１　貸借対照表及び損益計算書

　企業開示において標準的に使用されている約6,400の勘定科目[注]を、業種番号（２桁）及び勘定科目区分（３桁）に区分し、４桁の整数と組み合わせた計９桁の英数字で作成しています。

（注）　金融商品取引法に基づく有価証券報告書等の開示に関する電子開示システム（EDINET）で使用可能な勘定科目で、2019年版に対応しています。

（例）　勘定科目コード「10A100020」（現金及び預金／一般商工業）の場合

「10」一般商工業（業種番号）、「A10」流動資産（勘定科目区分）、「0020」現金及び預金（整数４桁）

⑴　業種番号（２桁）

番号	業種	番号	業種	番号	業種
10	一般商工業	18	鉄道事業	26	投資業
11	建設業	19	海運事業	27	特定金融業
12	銀行・信託業	20	高速道路事業	28	社会医療法人
13	銀行･信託業(特定取引勘定設置銀行)	21	電気通信事業	29	学校法人
14	建設保証業	22	電気事業	30	商品先物取引業
15	第一種金融商品取引業	23	ガス事業	31	リース事業
16	生命保険業	24	資産流動化業	32	投資信託受益証券
17	損害保険業	25	投資運用業		

⑵　勘定科目区分（３桁）

イ　貸借対照表

番号	区分	番号	区分	番号	区分
A00	資産	B00	負債	C00	純資産
A10	流動資産			C10	株主資本
A20	固定資産	B10	流動負債	C11	資本金
A21	有形固定資産			C12	資本剰余金
A22	無形固定資産	B20	固定負債	C13	利益剰余金
A23	投資その他の資産			C20	評価・換算差額等
A30	繰延資産	B30	特別法上の準備金等	C30	新株予約権

ロ　損益計算書

番号	区分	番号	区分	番号	区分
D00	収益	E00	費用	F00	損益
		E10	売上原価		
D10	売上高	E11	販売費及び一般管理費（売上原価）		
D20	営業外収益	E20	販売費及び一般管理費	F10	その他
		E30	営業外費用		
D30	特別利益	E40	特別損失		

ハ　損益及び剰余金計算書

番号	区分	番号	区分	番号	区分
G00	収益	H00	費用	J00	損益
G20	営業外収益	H30	営業外費用	J10	その他
G30	特別利益	H40	特別損失		

2　株主資本等変動計算書、社員資本等変動計算書、損益金の処分表、製造原価報告書及び個別注記表

現在e-Taxで使用可能な「e-Tax標準科目（XBRL2.1）」を、次の財務諸表種類（2桁）及び勘定科目区分（2桁）に区分し、2桁の整数と組み合わせた計6桁の英数字で作成しています。

（例）　勘定科目コード「SS0201」（資本金当期首残高）の場合

「SS」株主資本等変動計算書（財務諸表種類)､「02」資本金（勘定科目区分)､「01」当期首残高（整数2桁）

⑴　財務諸表種類（2桁）

番号	財務諸表種類	番号	財務諸表種類	番号	財務諸表種類
SC	製造原価報告書	SS	株主資本等変動計算書	SR	損益金の処分表
SC	個別注記表	SE	社員資本等変動計算書		

(2) 勘定科目区分（２桁）

イ　製造原価報告書

番号	区分	番号	区分	番号	区分
01	仕入原価	06	外注費	11	合計
02	材料費	07	経費	12	期末仕掛品たな卸高
03	労務費	08	当期製造費用	13	他勘定振替高
04	燃料油脂費	09	期首仕掛品たな卸高	14	当期製品製造原価
05	修繕費	10	他勘定受入高	15	注記事項

ロ　個別注記表

番号	区分	番号	区分	番号	区分
01	継続企業の前提に関する注記	05	株主資本等変動計算書に関する注記	09	１株当たり情報に関する注記
02	重要な会計方針に係る事項に関する注記	06	税効果会計に関する注記	10	重要な後発事象に関する注記
03	貸借対照表に関する注記	07	リースにより使用する固定資産に関する注記	11	連結配当規制適用会社に関する注記
04	損益計算書に関する注記	08	関連当事者との取引に関する注記	12	その他の注記

ハ　株主資本等変動計算書

番号	区分	番号	区分	番号	区分
01	株主資本	11	特定災害防止準備金	21	利益剰余金合計
02	資本金	12	特定都市鉄道整備準備金	22	自己株式
03	資本剰余金	13	使用済核燃料再処理準備金	23	株主資本合計
04	資本準備金	14	原子力発電施設解体準備金	24	評価・換算差額等
05	その他資本剰余金	15	異常危険準備金	25	その他有価証券評価差額金
06	資本剰余金合計	16	特別修繕準備金	26	繰延ヘッジ損益
07	利益剰余金	17	固定資産圧縮積立金	27	土地再評価差額金
08	利益準備金	18	特別償却準備金	28	評価・換算差額等合計
09	その他利益剰余金	19	海外投資等損失準備金	29	新株予約権
10	金属鉱業等鉱害防止準備金	20	繰越利益剰余金	30	非支配株主持分
				31	純資産合計

ニ　社員資本等変動計算書

番号	区分	番号	区分	番号	区分
01	社員資本	11	特定災害防止準備金	21	利益剰余金合計
02	資本金	12	特定都市鉄道整備準備金	23	社員資本合計
03	資本剰余金	13	使用済核燃料再処理準備金	24	評価・換算差額等
04	資本準備金	14	原子力発電施設解体準備金	25	その他有価証券評価差額金
05	その他資本剰余金	15	異常危険準備金	26	繰延ヘッジ損益
06	資本剰余金合計	16	特別修繕準備金	27	土地再評価差額金
07	利益剰余金	17	固定資産圧縮積立金	28	評価・換算差額等合計
08	利益準備金	18	特別償却準備金	30	非支配株主持分
09	その他利益剰余金	19	海外投資等損失準備金	31	純資産合計
10	金属鉱業等鉱害防止準備金	20	繰越利益剰余金		

ホ　損益金の処分表

番号	区分	番号	区分	番号	区分
01	表題	03	当期未処分利益の処分	05	利益処分計算書の注記
02	総会承認日	04	その他資本剰余金の処分		

(2)　作成手順

ここでは「貸借対照表」を例に具体的な作成手順を確認します。

なお、勘定科目内訳明細書に引き続き、前述の「TKC電子申告セミナー2019」のアンケート結果では、72.1%の参加者が会計システムから出力したデータを加工した財務諸表を提出している、スプレッドシートで作成した財務諸表を提出していると回答しており（巻末資料（191ページ）参照）、多くの大法人ではスプレッドシートで申告書に添付する財務諸表を作成しているものと判断しています。そのため、本稿では今まで作成しているスプレッドシートのデータをベースに国税庁の標準フォームを作成する手順をご案内します。

これ以外にも国税庁の標準フォームをベースにCSVデータを作成する方法もありますが、こちらについては前述の勘定科目内訳明細書の手順をご参考にしてください。

資料３-３▶勘定科目コードを設定し、CSV 形式データを作成する方法

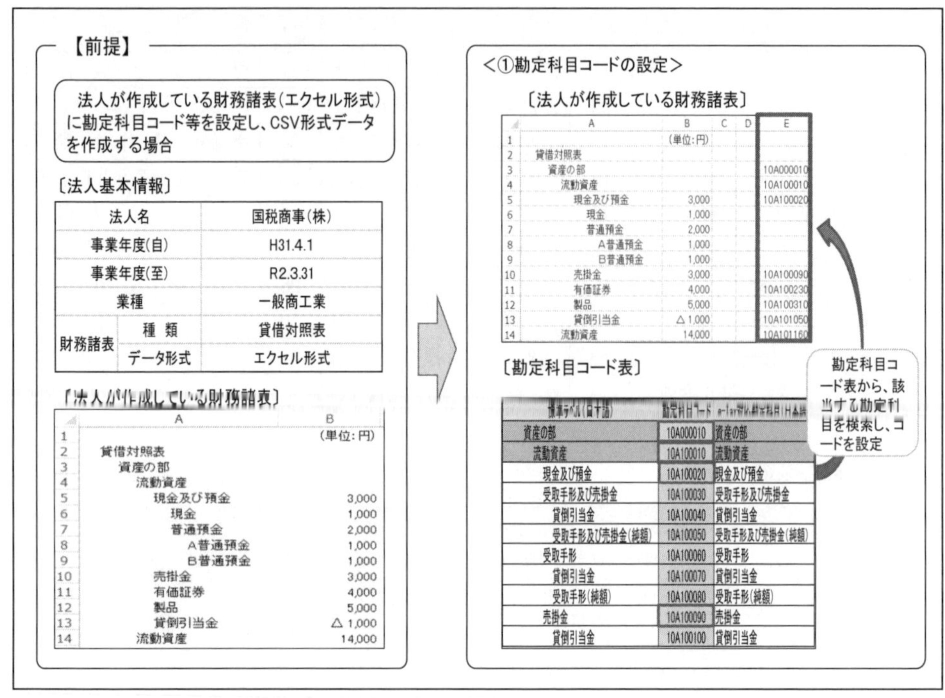

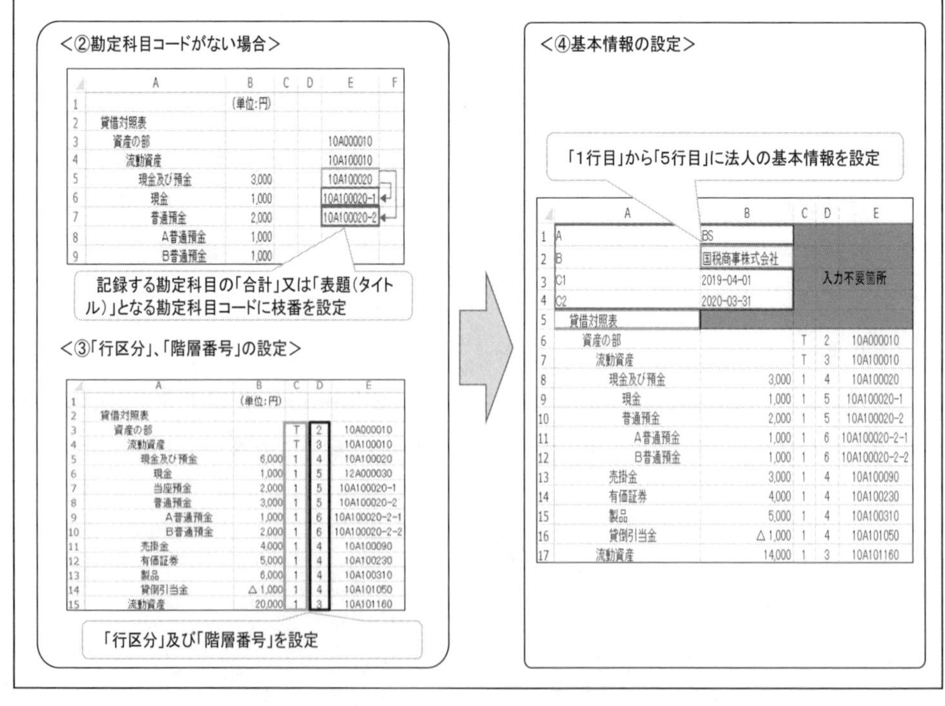

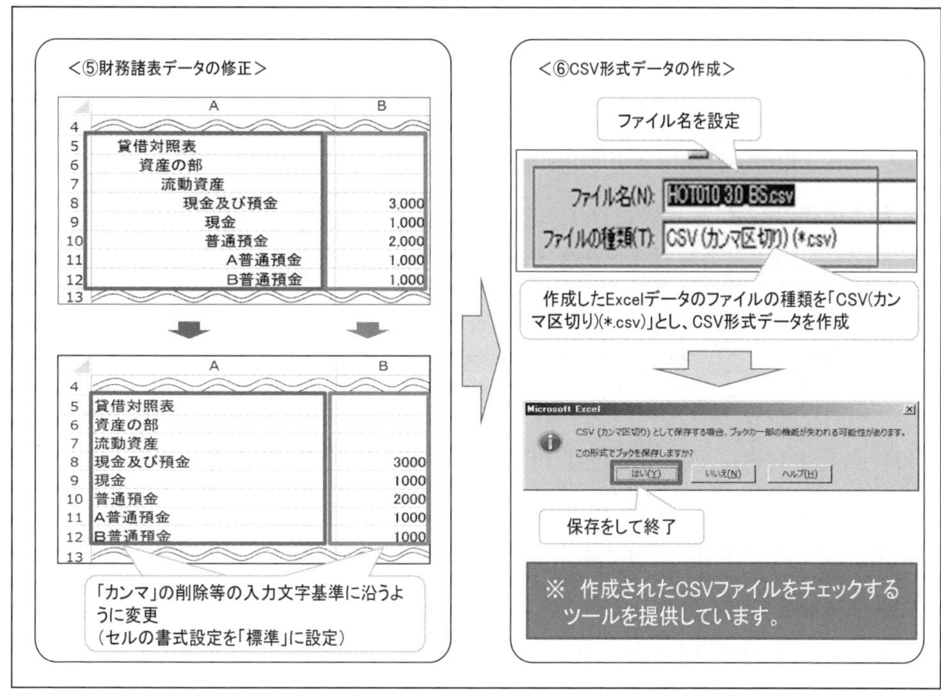

出典：「TKC電子申告セミナー2020」（令和２年６月）国税庁作成資料

① 勘定科目コードの設定

まず初めに現在作成している財務諸表のスプレッドシートの勘定科目に国税庁指定の勘定科目コードを設定します。前述のとおり、国税庁はEDINETの科目体系に国税庁独自の勘定科目コードを付番しています。勘定科目コード表から該当する勘定科目を検索して、例えば流動資産は「10A100010」、現金及び預金は「10A100020」というように定義された国税庁独自の勘定科目コードをスプレッドシートに追加します。

② 勘定科目コードがない場合

EDINETでも標準科目に存在しない勘定科目を追加科目として追加できますが、電子申告における財務諸表のデータでも標準科目に存在しない勘定科目は任意科目として追加できます。追加したい科目の属性に近い標準科目に枝番として勘定科目を追加することができます。

③ 「行区分」、「階層番号」の設定

勘定科目内訳明細書と同様に、国税庁指定の標準フォームには、一般的には企業側で管理していない項目が存在します。

「行区分」、「階層番号」等がこれに該当し、それぞれ留意事項に記載の内容を標準フォームに入力する必要があります。

例えば「行区分」には、勘定科目コードが「タイトル項目」の場合は「T」を、貸借対照表等内の勘定科目で金額（数値）を記録する「金額型」の場合は「1」を、個別注記表等内の勘定科目等で注記事項等の文字を記録する「金額型以外」の場合は「2」を、半角文字で記録願います、とされています。

④　基本情報の設定

「１行目」から「５行目」に法人の基本情報を設定することとされています。

１つのCSVファイルに対して、１～４行目は半角文字で「A→B→C1→C2」の順に記録し、５行目には全角文字で「財務諸表名」を記録願います、とされています。

１行目の「A」にはその内容として財務諸表種別を記載することとされており、貸借対照表は「BS」、損益計算書は「PL」、株主資本等変動計算書は「SS」とする等記載内容が定義されています。

また、２行目の「B」にはその内容として法人名を全角50文字以内で記録願います、とされています。

３行目、４行目は事業年度（自）と事業年度（至）の項目で、表示形式を「文字列」に設定し、半角文字でYYYY-MM-DDで記録願います、とされています。

（例）「2020年４月１日→2020-04-01」

⑤　財務諸表データの修正

「カンマ」の削除等の入力文字基準に沿うように変更（セルの書式設定を「標準」に設定）します。

⑥　CSV形式データの作成

ここからは勘定科目内訳明細書の手順と同様です。ファイル名が指定されていることにもご留意ください。

イ　ファイル名を設定

ロ　作成したExcelデータのファイルの種類を「CSV（カンマ区切り）(*.csv)」とし、CSV形式データを作成

ハ　保存をして終了

ポイント

1．財務諸表についても、CSV形式データを国税庁指定の「標準フォーム」に合わせる必要がある。
2．財務諸表の勘定科目については、国税庁指定の勘定科目コード（9桁）を設定する必要がある。
3．「標準フォーム」には、基本情報、行区分、階層番号等「標準フォーム」固有の項目がある。
4．CSVファイルのファイル名についても命名規則が定められている。

CSVファイルチェックコーナーによるエラーチェック

国税庁では、作成したCSVファイルを国税庁が公開しているレコードの内容及び留意事項に沿っているかどうかを確認することができる「CSVファイルチェックコーナー」を用意しています。こちらのチェック機能を是非とも活用してください。

資料3-4 ▶ CSVファイルチェックコーナー

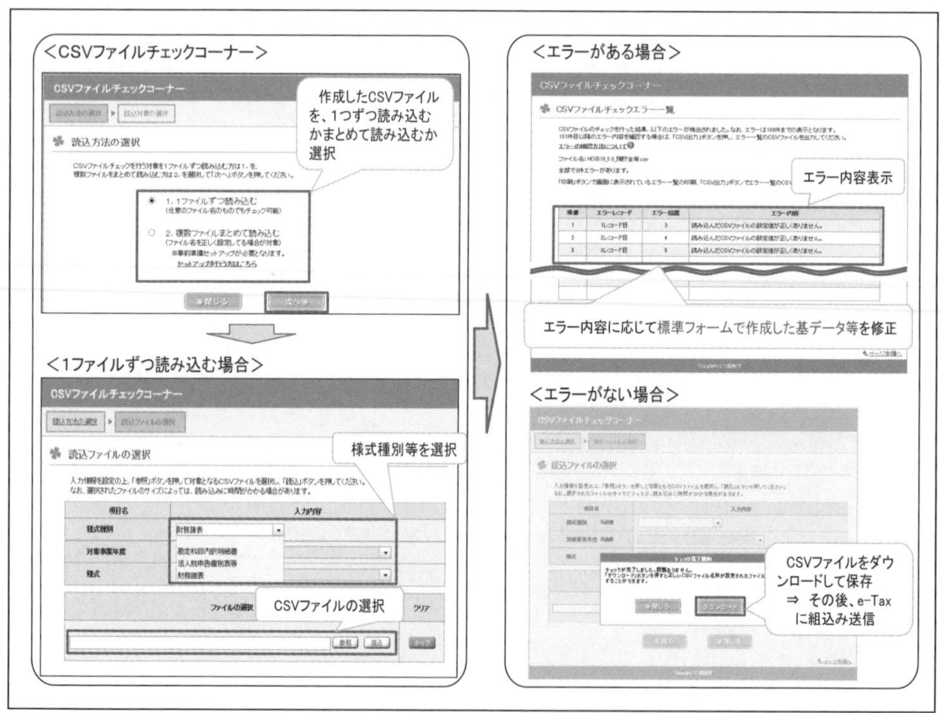

出典：「TKC電子申告セミナー2020」（令和２年６月）国税庁作成資料

具体的には、資料の左側にあるとおり、作成したCSVファイルを、表示画面に基づいてチェックツールに読み込みます。チェック結果が右側です。

エラーが検出された場合は、エラーの内容が表示されますので、エラー内容に応じて標準フォームで作成した基データ等を修正してください。

また、エラーがない場合は、表示された「ダウンロード」ボタンにより、e-Taxで送信可能なファイル名が設定されたCSVファイルが保存できます。

第4章

添付書類（財務諸表と勘定科目内訳明細書）の実務上の留意点

e-Taxにおける利用可能文字

1 利用可能文字一覧

電子申告では従前より利用可能な文字が定義されており、国税庁ホームページに「利用可能文字一覧」として以下の案内がなされています。

> 利用可能文字一覧
>
> e-Tax で使用できない文字については、一覧では網掛け表示をしていますので、利用者の判断により、代替文字を選択していただくことになります。

出典：https://www.e-tax.nta.go.jp/tetsuzuki/tetsuzuki7.htm

ここに掲載されている「利用可能文字一覧」は全30頁で、前述のとおりe-Taxで使用できない文字については網掛け表示されています。電子申告データの中にe-Taxで使用できない文字が存在すると当該データはエラーとなり電子申告することができません。エラーの状態では当該データはe-Tax側で受理されず、送信されていない状態すなわち申告が完了したことにはなりませんので、留意が必要です。

そのため、電子申告データ作成にあたり、すべての文字データをe-Taxで利用可能文字とする必要があり、この点が今回の財務諸表、勘定科目内訳明細書等の添付書類の電子申告に実務上大きな影響を与えると想定しています。

2 具体的に留意が必要な「e-Taxで使用できない文字」

e-Taxでは、通常利用する文字については概ね使用可能となっていると判断していますが、「半角カナ文字」が使用できないことに留意する必要があります。以下「利用可能文字一覧」の30頁では「ｱ」「ｲ」等の半角カナ文字が網掛け表示されており、電子申告データの中に「半角カナ文字」がある場合、当該データはエラーとなり電子申告できません。そのため、国税庁ホームページに記載のあるように「利用者の判断により、代替文字を選択していただく」必要があり、「半角カナ文字」が存在する場合、「全角カナ文字」に置き換える（具体的には「ｱ」を「ア」に変換する）実務対応が必要になることが想定されます。特に、勘定科目内訳明細書のデータには「半角カナ文字」が存在する場合も想定されますので、実際に、申告書別表に添付している書類について「半角カナ文字」が存在するかを一度確認することをお勧めします。

利用可能文字一覧

	0	1	2	3	4	5	6	7	8	9	A	B	C	D	E	F	区分	備考
FAB	・	・	・	・	・	・	・	・	・	・	・	・	・	・	・	・	CJK互換漢字	
FAC	・	・	・	・	・	・	・	・	・	・	・	・	・	・	・	・	CJK互換漢字	
FAD	・	・	・	・	・	・	・	・	・	・	・	・	・	・	・	・	CJK互換漢字	
FAE	・	・	・	・	・	・	・	・	・	・	・	・	・	・	・	・	CJK互換漢字	
FAF	・	・	・	・	・	・	・	・	・	・	・	・	・	・	・	・	CJK互換漢字	
FF0	・	!	"	#	$	%	&	'	(	)	*	+	,	-	.	/	半角形全角形	
FF1	0	1	2	3	4	5	6	7	8	9	:	;	<	=	>	?	半角形全角形	
FF2	@	A	B	C	D	E	F	G	H	I	J	K	L	M	N	O	半角形全角形	
FF3	P	Q	R	S	T	U	V	W	X	Y	Z	[	\	]	^	_	半角形全角形	
FF4	`	a	b	c	d	e	f	g	h	i	j	k	l	m	n	o	半角形全角形	
FF5	p	q	r	s	t	u	v	w	x	y	z	{	|	}	~	・	半角形全角形	
FF6	・	｡	｢	｣	､	･	ｦ	ｧ	ｨ	ｩ	ｪ	ｫ	ｬ	ｭ	ｮ	ｯ	半角形全角形	
FF7	ｰ	ｱ	ｲ	ｳ	ｴ	ｵ	ｶ	ｷ	ｸ	ｹ	ｺ	ｻ	ｼ	ｽ	ｾ	ｿ	半角形全角形	
FF8	ﾀ	ﾁ	ﾂ	ﾃ	ﾄ	ﾅ	ﾆ	ﾇ	ﾈ	ﾉ	ﾊ	ﾋ	ﾌ	ﾍ	ﾎ	ﾏ	半角形全角形	
FF9	ﾐ	ﾑ	ﾒ	ﾓ	ﾔ	ﾕ	ﾖ	ﾗ	ﾘ	ﾙ	ﾚ	ﾛ	ﾜ	ﾝ	ﾞ	ﾟ	半角形全角形	
FFA		ㄱ	ㄲ	ㄳ	ㄴ	ㄵ	ㄶ	ㄷ	ㄸ	ㄹ	ㄺ	ㄻ	ㄼ	ㄽ	ㄾ	ㄿ	半角形全角形	
FFB	ㅀ	ㅁ	ㅂ	ㅃ	ㅄ	ㅅ	ㅆ	ㅇ	ㅈ	ㅉ	ㅊ	ㅋ	ㅌ	ㅍ	ㅎ	・	半角形全角形	
FFC	・	・	ㅏ	ㅐ	ㅑ	ㅒ	ㅓ	ㅔ	・	・	ㅕ	ㅖ	ㅗ	ㅘ	ㅙ	ㅚ	半角形全角形	
FFD	・	・	ㅛ	ㅜ	ㅝ	ㅞ	ㅟ	ㅠ	・	・	ㅡ	ㅢ	ㅣ	・	・	・	半角形全角形	
FFE	¢	£	¬	￣	¦	¥	₩	・	│	←	↑	→	↓	■	○	・	半角形全角形	
FFF	・	・	ㅛ	ㅜ	ㅝ	ㅞ	ㅟ	ㅠ	・	・	ㅡ	ㅢ	ㅣ	・	・	・	半角形全角形	

なお、今回の電子申告義務化にあたり、国税庁ホームページの「CSV 形式データ作成に当たっての留意事項」にも以下の記載がありますので、あわせてご確認ください。

CSV 形式データ作成に当たっての留意事項

⑵　外字の取扱い

JIS 第１水準及び第２水準以外の漢字、カナ、記号等（以下「外字等」といいます。）及び半角文字は、次のとおり取り扱ってください。

なお、e-Tax で利用可能な文字は「利用可能文字一覧（PDF ファイル）」をご確認ください（「⑸　ファイル名についての留意事項」も同様です。）。

使用できない文字については網掛け表示をしています。

イ　外字等がいわゆる異字体又は旧字体の場合で、それらを統一文字又は新字体に変換できるものは、それぞれの文字に変換してください（変換できない外字等は、ハ及びニに準じて記録してください。）。

≪例≫　「大藏」⇒「大蔵」

「齊藤」⇒「斉藤」

ロ　半角文字のカナ、英数字、記号、丸付き数字、カッコ付き外字等は、JIS第１水準及び第２水準の全角文字に変換してください。

ハ　法人名に使用されている外字等で、変換できない外字等が含まれている場合には、その人名を全てカナで記録してください。

ニ　勘定科目等に使用されている外字等のうち変換できない外字等は、カナで記録してください。

出典：https://www.e-tax.nta.go.jp/hojin/gimuka/csv_jyoho4.htm

ポイント

e-Taxでは使用できない文字があり、使用できない文字が電子申告データに存在するとエラーになる。使用できない文字として、半角カナ文字に注意が必要である。

3 EDINETでの「半角カナ文字」への対応状況

EDINET操作ガイド（https://submit.edinet-fsa.go.jp/EKW0AZ0015.html）の「提出書類ファイル仕様書」(注)に提出書類作成時に利用できる文字コードに関する説明があり、「半角片仮名を除く」半角文字が利用可能とされています。そのため、現在EDINETでもe-Taxと同様に「半角カナ文字」のデータは受付不可となっています。しかし、決算開示システム側で「半角カナ文字」を受付可能な「全角カナ文字」に変換しているため、利用者が「半角カナ文字」は受付不可であると認識することなく実務対応がなされていると推察しています。そのため、決算開示システム側のインプットデータをそのまま前述の国税庁指定の標準フォームに貼り付け、CSVファイルを作成すると、「半角カナ文字」がある場合にエラーとなる状況が発生することを懸念しています。EDINETのデータを活用して財務諸表の電子申告データを作成する際には、念のため勘定科目名に「半角カナ文字」が存在するか一度確認した方が良いと判断しています。

なお、法人税申告書等を作成する申告システムでも、電子申告データ作成時に「半角カナ」を「全角カナ」に変換する機能を有している場合があります。

ご利用の申告システムの対応状況もあわせて確認することをお勧めします。

（注）「提出書類ファイル仕様書」「4－1文字コードセット」(80ページ）参照

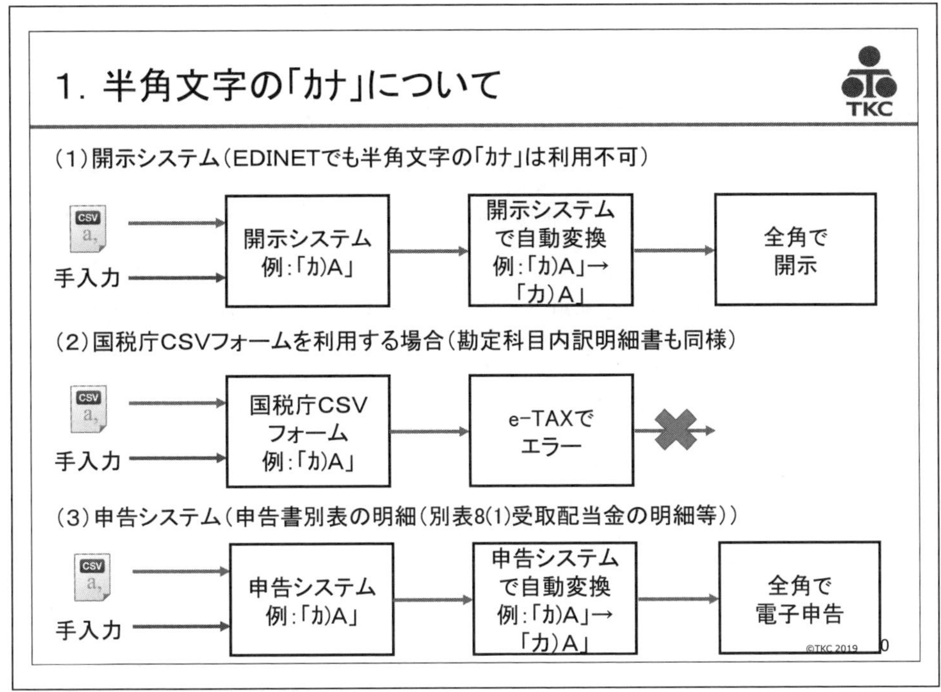

ポイント

決算開示システムでは開示データ作成時、税務申告書作成システムでは電子申告データ作成時に、半角カナ文字を全角カナ文字に自動変換する機能がある。

4 「？」に変換される文字の存在

さらにe-Taxでは、エラーにならず「？」で電子申告される文字があることに注意が必要です。CSV形式データに一定の条件に合致する文字があると、該当文字はCSV作成時に「？」に変換されてしまいます。「？」はCSVチェックコーナーでもエラーにならないので、「？」のまま電子申告されてしまいます。また、エラーにならないため、「？」に変換されたかどうかは変換後のCSV形式データを再度Excel等で表示することでしか把握することができません。そのため、通常エラーがなければ変換後のCSV形式データを再度表示することはないことから、一般的には「？」に変換されたことすら認識することができない状況にあると判断しています。一例として、売掛金の明細書等に中国の取引先の住所などで「深圳市」がある場合、CSVデータを作成すると「圳」が「？」に変換され「深？市」となり、電子申告データは「深？市」になります。

変換されるだけでエラーチェックでも警告等がありませんので、注意する必要があります。

以下に「？」に変換される文字についてもう少し詳しく確認します。

⑴　Excelで入力したデータは、「UNICODE」というデータ形式で保存されます。

⑵　このデータをCSVファイルで保存する時には、文字は「シフトJIS」というデータ形式で保存されます。

⑶　このため、「UNICODE」で利用できる文字のうち、「シフトJIS」に割り当てされていない文字が、「？」として変換されます。

⑷　上記の条件に合致する文字として、主要なものを以下にご案内します。

①　囲み英数字　⑴・㈡・⒜など、括弧も含め１文字で表現される数字
個別注記表にあるケースが想定されます。

②　囲み文字　㈳・㈶など、括弧も含め１文字で表現される数字
勘定科目内訳明細書の取引先相手に記載があるケースが想定されます（貸付金及び受取利息の内訳書の貸付先名称、仮払金の内訳書の相手先名称、支払手形の内訳書の支払先、買掛金の内訳書の相手先名称、借受金の内訳書の相手先名称　等）。
なお、㈱・㈲・㈹　は「？」にならずに㈱・㈲・㈹　としてCSV形式データに変換されます。

③　深圳市など中国の地名や中国の人名

ポイント

１．e-Taxでは電子申告データ作成時に「？」に変換される文字がある。
２．「？」に変換されてもエラーにならず「？」のまま電子申告される。

Ⅱ 日付項目

財務諸表と勘定科目内訳明細書の国税庁指定の標準フォームを確認する中で、各フォームの日付項目に留意する必要があります。ここでは具体的に２つのフォームを例として取り上げて、留意事項をご案内します。

1 財務諸表の「事業年度（自）と事業年度（至）の項目」

第３章で貸借対照表を例に財務諸表のCSV形式データの作成要領について説明しましたが、その中の「基本情報の設定」として３行目、４行目は事業年度（自）と事業年度（至）の項目であり、表示形式を「文字列」に設定し半角文字でYYYY-MM-DDで記録する旨ご案内しました。

（例）「2020年４月１日→2020-04-01」

日付項目は固定長で、上記例の場合「０」を省略することはできません。

スプレッドシートでは日付項目としてYYYY/MM/DDの形式が採用されており、多くの企業で利用しているスプレッドシートで、例えば「2020年４月１日」は「2020/4/1」としているのではと推察しています。このような場合、スプレッドシートのデータをそのまま電子申告データとして利用することはできず、一部加工が必要となることが想定されますので、留意が必要です。また、後述の「Ｖ．財務諸表のデータ作成における留意点」でご説明しますが、CSVファイルをExcelで表示する場合には、Excelの機能に起因した留意点もありますので、あわせてご確認をお願いします。

2 勘定科目内訳明細書の日付項目

現在、国税庁ホームページには「勘定科目内訳明細書（平成31年４月１日以後終了事業年度分）の標準フォーム等」（http://www.e-tax.nta.go.jp/hojin/gimuka/csv_jyoho2.htm）として、次の16種類の勘定科目内訳明細書の標準フォームが掲載されています。

項番	勘定科目内訳明細書	設定すべきファイル名
1	預貯金等の内訳書	HOI010_4.0.csv
2	受取手形の内訳書	HOI020_3.0.csv
3	売掛金（未収入金）の内訳書	HOI030_3.0.csv
4	仮払金（前渡金）の内訳書、貸付金及び受取利息の内訳書	HOI040_3.0.csv
5	棚卸資産（商品又は製品、半製品、仕掛品、原材料、貯蔵品）の内訳書	HOI050_4.0.csv
6	有価証券の内訳書	HOI060_4.0.csv
7	固定資産（土地、土地の上に存する権利及び建物に限る。）の内訳書	HOI070_4.0.csv
8	支払手形の内訳書	HOI080_3.0.csv
9	買掛金（未払金・未払費用）の内訳書	HOI090_4.0.csv
10	仮受金（前受金・預り金）の内訳書、源泉所得税預り金の内訳	HOI100_5.0.csv
11	借入金及び支払利子の内訳書	HOI110_3.0.csv
12	土地の売上高等の内訳書	HOI120_4.0.csv
13	売上高等の事業所別内訳書	HOI130_5.0.csv
14	役員報酬手当等及び人件費の内訳書	HOI141_5.0.csv
15	地代家賃等の内訳書、工業所有権等の使用料の内訳書	HOI150_3.0.csv
16	雑益、雑損失等の内訳書	HOI160_3.0.csv

このうち、受取手形の内訳書、有価証券の内訳書、固定資産（土地、土地の上に存する権利及び建物に限る。）の内訳書、支払手形の内訳書、買掛金（未払金・未払費用）の内訳書、源泉所得税預り金の内訳、土地の売上高等の内訳書、地代家賃等の内訳書、工業所有権等の使用料の内訳書には、日付項目（年月日、年月分）があります。

この勘定科目内訳明細書の日付項目は、「年」・「月」・「日」で別の領域となっていますので、留意が必要です。

一例として「受取手形の内訳書」の標準フォームを以下に掲載します。

勘定科目内訳明細書の日付項目は、「年」・「月」・「日」で別の領域となっています。
勘定科目内訳明細書(平成31年4月1日以後終了事業年度分)の標準フォーム等
(http://www.e-tax.nta.go.jp/hojin/gimuka/csv_jyoho2.htm)

受取手形の内訳書(Excel形式：約13KB)

1	2	3	4	5	6	7	8	9	10	11	12	13	14	15	16
フォーマット区分【必須】	行区分【必須】	振出人	振出年月日				支払期日				支払銀行		金額	割引銀行名及び支店名等	摘要
			元号	年	月	日	元号	年	月	日	名称	支店名			
2															

→ 勘定科目内訳明細書では、「年」・「月」・「日」が別領域となるデータの用意が必要。

　1

ポイント

1．財務諸表、勘定科目内訳明細書の日付項目に注意が必要である。

2．既に企業側で保有しているデータを加工する必要があるため、「標準フォーム」の日付項目を事前に確認することをお勧めする。

Ⅲ チェックコーナーでのエラーチェック

1 エラーチェックが段階的であることに注意

CSV 形式データを作成して財務諸表や勘定科目内訳明細書を電子申告する手順は、次のとおりと考えています。

1．CSV 形式データを作成（国税庁が公開しているレコードの内容）
2．国税庁提供の「CSV ファイルチェックコーナー」でエラーがないか確認
3．作成したCSV 形式データをe-Tax ソフトに読み込む
4．電子申告

国税庁提供の「CSV ファイルチェックコーナー」では、「半角カナ」、「カラム、列数の過不足」、「フォーマット区分の入力データ誤り」、「フォーマット区分の入力漏れ」、「合計行の入力誤り」、「文字数超過やカンマ表示」の順に、かつ段階的にエラーチェックがかかります。そのため、例えば「半角カナ」のエラーをすべて解消した後にデータをチェックすると、「文字数超過」のエラーが表示される等、１回のチェックでエラーを網羅的に確認できないことに注意が必要です。

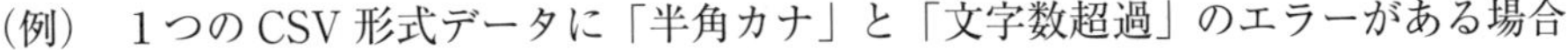

（例）　１つのCSV形式データに「半角カナ」と「文字数超過」のエラーがある場合

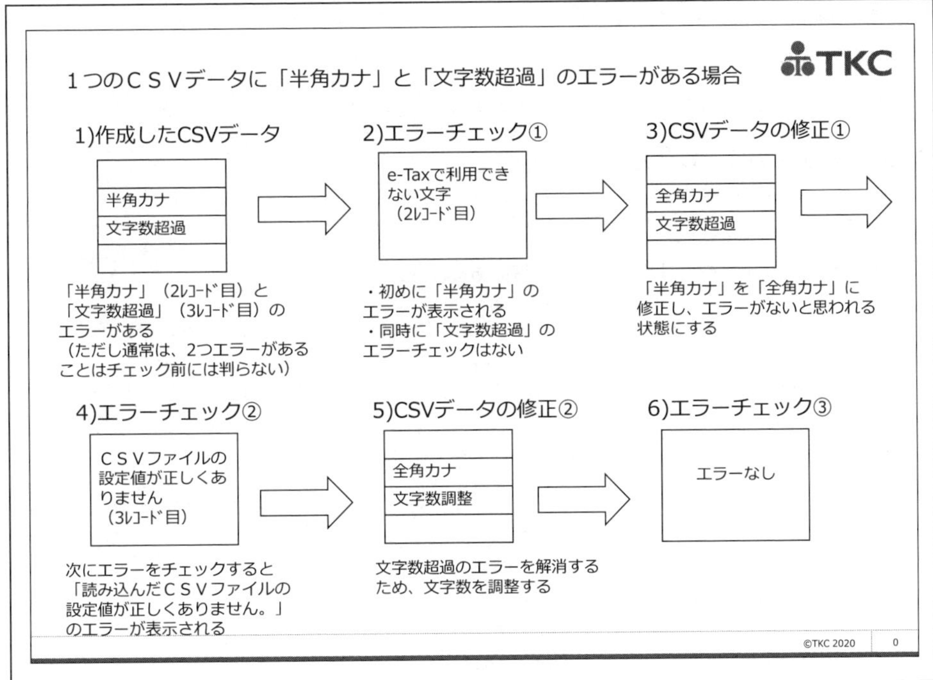

上の例では作成したCSV形式データの２レコード目に「半角カナ」のデータがあり、３レコード目のデータが「文字数超過」しており、「半角カナ」と「文字数超過」の２つの電子申告データとして受け付けることができないエラーがあります。ただし、通常エラーチェックする際にはチェック対象のデータにいくつエラーがあるか分からない点に留意が必要です。

２）として国税庁提供の「CSVファイルチェックコーナー」でエラーチェックすると先に示したとおりの順番でまず「半角カナ」のエラーが「e-Taxで利用できない文字（２レコード目）」として表示されます。

３）にあるように「半角カナ」のエラーを回避するため「半角カナ」を「全角カナ」に変換し、エラーがないと思われる（この時点では「文字数超過」のエラーがあるとは知りえないため）状態にデータを整備します。

ところが、３）のデータを再度「CSVファイルチェックコーナー」でエラーチェックすると、４）のとおり「文字数超過」のエラーが「CSVファイルの設定値が正しくありません（３レコード目）」として表示されます。

このようにエラーチェックが段階的になりますので、ご注意ください。

なお、３）のデータを作成後、エラーが完全に解消されたと判断し「CSVファイルチェックコーナー」でチェックせず「文字数超過」のデータが残っている場合、実際にe-Taxで電子申告する際に「文字数超過」のエラーとなることを合わせてご確認ください。

なお、１つのCSV形式データに「半角カナ」が複数ある場合でも、エラーは１つずつ表示されますので、ご注意ください。

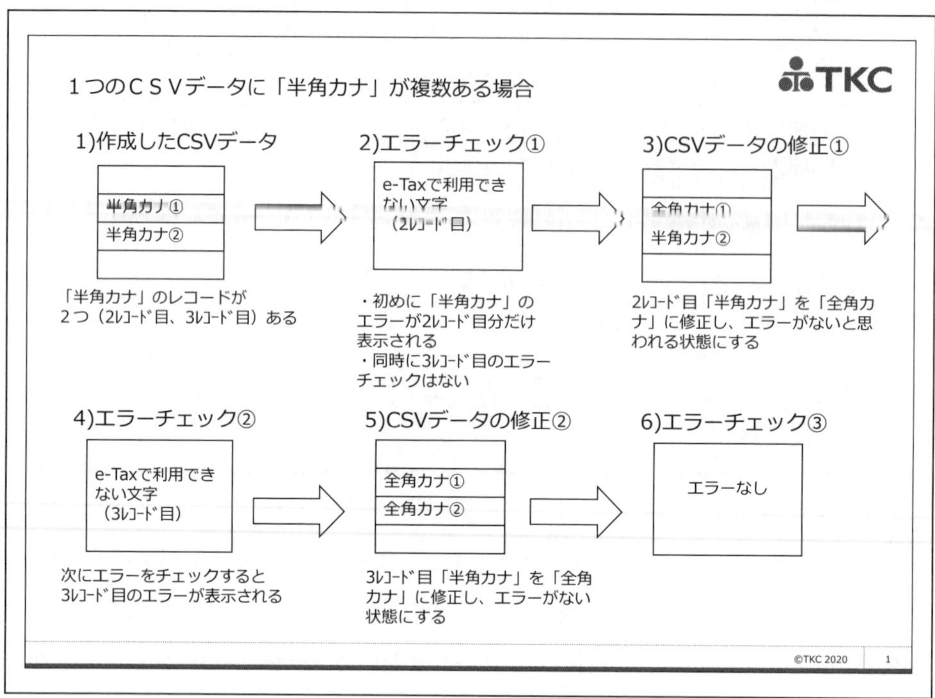

エラーが段階的であることは「例：１つのCSV形式データに「半角カナ」と「文字数超過」のエラーがある場合」と同様ですが、同一のエラーである「半角カナ」についても段階的になっていることにご注意ください。

ポイント

1．国税庁提供の「CSVファイルチェックコーナー」では段階的にエラーをチェックするため、１回のチェックでエラーを網羅的に把握できない。
2．エラーを修正した後に、「エラーなし」の状態にするまでエラーチェックする必要がある。

2 CSVファイルのファイル形式に注意

CSVファイルは、メモ帳等でも表示できますが、多くの場合Excelで表示されるものと想定しています。Excelで表示したファイルを保存する際には、以下の画面のように保存する「ファイルの種類」を選択する必要があり、CSVファイルに保存する場合にはこの「ファイルの種類」でCSVを選択することとなります。

ここで、CSVとして「CSV UTF-8（コンマ区切り）(*.CSV)」と「CSV（コンマ区切り）(*.CSV)」の２種類がありますが、電子申告データでは「CSV（コンマ区切り）(*.CSV)」を選択する必要がありますので注意が必要です。

「CSV UTF-8（コンマ区切り）(*.CSV)」で保存したCSVファイルを「CSVファイルエラーチェックコーナー」でチェックすると、ファイル内のデータが全て国税庁の指定するフォーマットに合致していても、「使用できない文字が含まれています」と表示されエラーとなります。

資料4-3 ▶ Excelでのファイル保存の画面

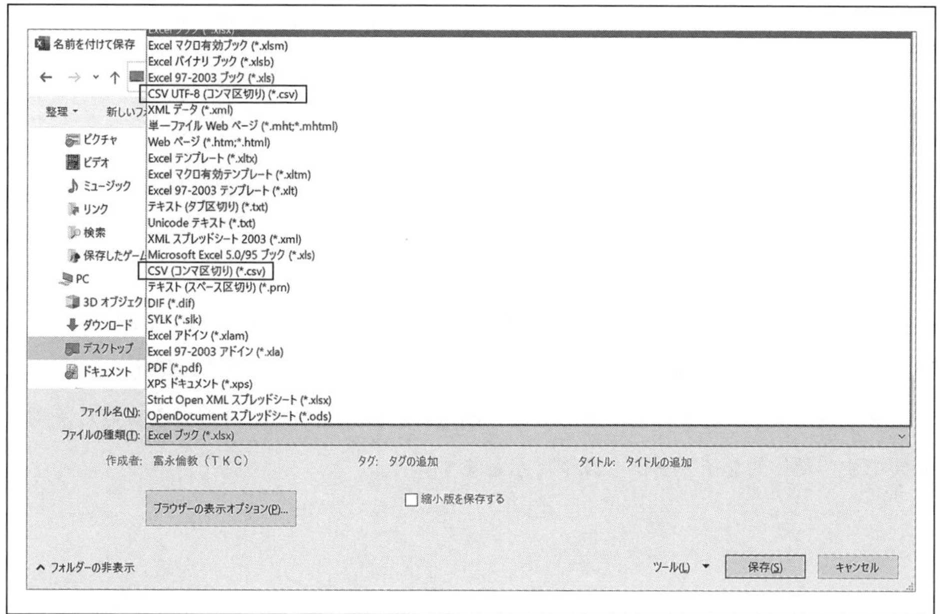

ポイント

1. ExcelでCSVファイルを保存する場合、２種類のファイル形式がある。
2. 電子申告データでは、「CSV（コンマ区切り）(*.CSV)」を選択する必要がある。

財務諸表の任意の勘定科目の追加方法

国税庁が公表している「CSV 形式データのレコードの内容等」(http://www.e-tax.nta.go.jp/hojin/gimuka/csv_jyoho4_5_1.pdf）には、以下の記載があります。

> 5　勘定科目コード
>
> (2)　記録した勘定科目のコードがコード表にない場合
>
> 法人において独自の勘定科目を使用されている場合などで、コード表に記載のない勘定科目（以下「独自科目」といいます。）については、次のいずれかの対応によりコードの記録を行ってください。
>
> ①　独自科目より上の行に記録した勘定科目で、独自科目及びその他の勘定科目との合計又はタイトル（表題）となる勘定科目のコードに枝番（「－（ハイフン）」＋「正の整数」）を付して記録願います。
>
> （例）　独自科目のタイトルが「流動資産」（タイトル項目）の場合
>
> 「10A100010※→10A100010-1」
>
> ※「一般商工業」の「流動資産」（タイトル項目）のコード

このように、国税庁指定の勘定科目にない科目を使用する場合は、国税庁指定の勘定科目のコードに枝番を付して科目を追加します。EDINET では任意の勘定科目を任意の階層に追加することが可能であるため、勘定科目の追加の考え方が異なる点に留意が必要です。具体的なイメージを以下に示します。

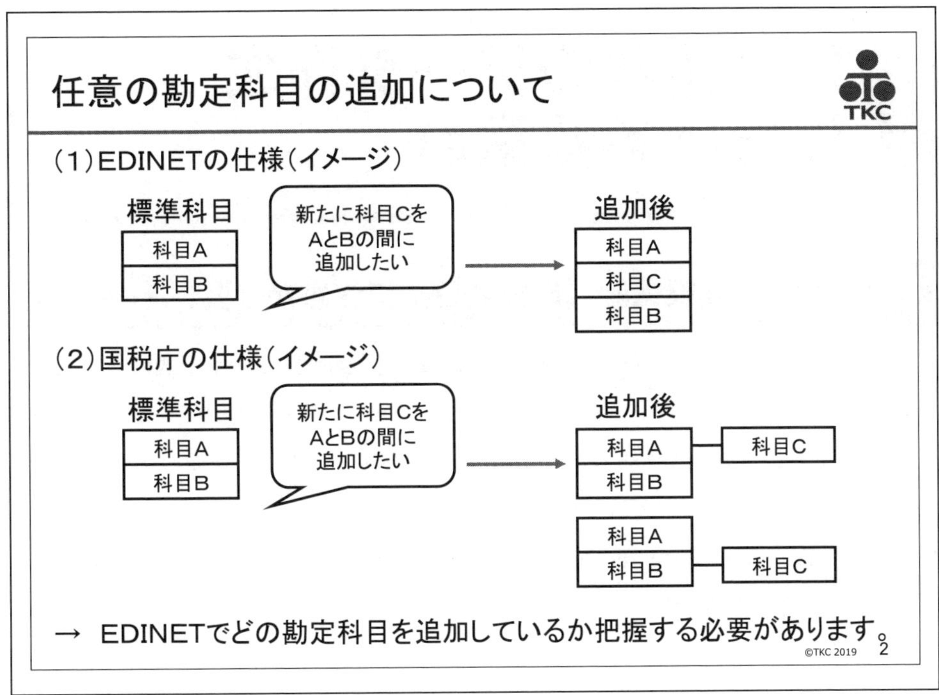

標準科目として「科目Ａ」の次に「科目Ｂ」が配列されている場合で説明します。

「科目Ａ」と「科目Ｂ」の間に（同じ階層で）任意の「科目Ｃ」を追加したい場合、EDINETでは上記イメージのように「科目Ａ」の次に「科目Ｃ」、「科目Ｃ」の次に「科目Ｂ」と任意の科目を同一階層上に追加することができます。

一方、現在国税庁の公表している仕様では、「科目Ｃ」は「科目Ａ」の枝番か「科目Ｂ」の枝番（それ以外の勘定科目の枝番として設定することも可能です）を設定し追加科目とします。追加科目の考え方が異なりますので、EDINETのデータを活用して財務諸表の電子申告データを作成する際には、現在EDINETで標準科目に加え任意に追加している勘定科目を把握し、それらをどの勘定科目の枝番とするのか等の対応方法を検討する必要があります。

ポイント

1．財務諸表の任意の勘定科目の追加方法がEDINETと異なるので、EDINETのデータを活用する場合には、追加科目を事前に把握することをお勧めする。

2．EDINETのデータを利用しない場合でも、勘定科目の追加方法の考え方を理解する必要がある。

V　財務諸表のデータ作成における留意点

1　Excel の変換機能（日付項目）に注意が必要

国税庁が公開しているレコードでは、財務諸表の事業年度のデータ形式は「YYYY－MM－DD」となっています。一方 Excel では「YYYY－MM－DD」のデータを「YYYY／MM／DD」に自動変換する機能が標準で搭載されています。前述のとおり、通常CSV ファイルは、Excel で表示されるものと想定しています。「YYYY－MM－DD」で保存したCSV ファイルを Excel で表示すると、「YYYY／MM／DD」に自動変換されますので、注意が必要です。

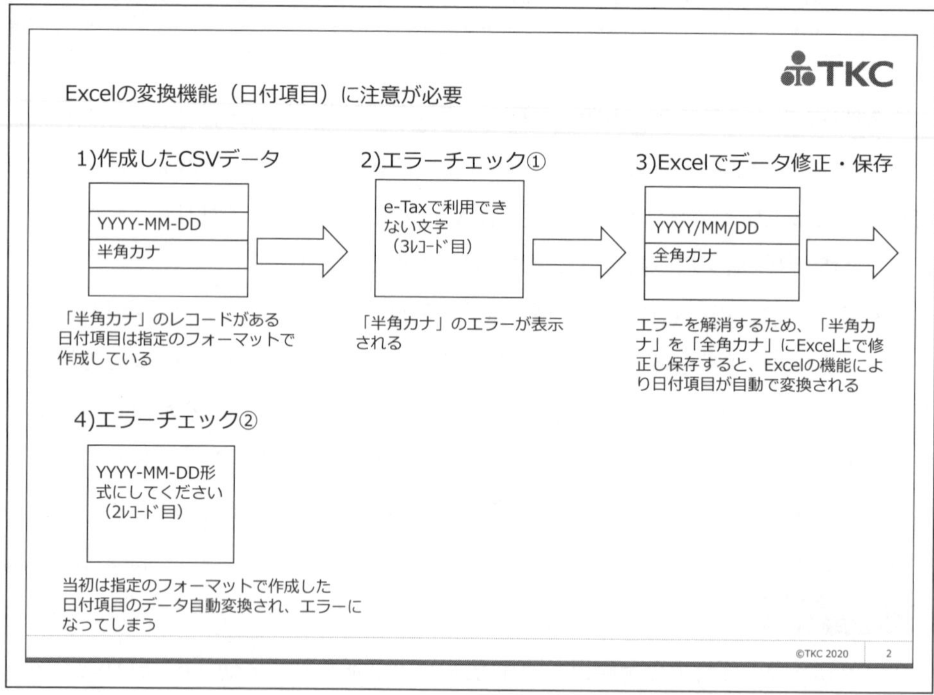

上の例では、作成したCSV 形式データの２レコード目に日付項目のデータがあり、国税庁指定の「YYYY－MM－DD」となっています。別の３レコード目のデータで「半角カナ」の電子申告データとしては受け付けることができないエラーがあり、「CSV ファイルチェックコーナー」でエラーチェックすると先に示したとおり「半角カナ」のエラー

が「e-Taxで利用できない文字（2レコード目）」として表示されます。

3）にあるように「半角カナ」のエラーを回避するため「半角カナ」を「全角カナ」に変換する際に、ExcelでCSVファイルを表示すると2レコード目の「YYYY－MM－DD」のデータが「YYYY／MM／DD」に自動変換されてしまいます。そのため、3）のデータを再度「CSVファイルチェックコーナー」でエラーチェックすると、4）のとおり日付項目に関するエラーが表示されます。意図せずエラーとなる状態のデータ（「YYYY／MM／DD」）に変換されてしまう点に注意が必要です。

ポイント

財務諸表のCSVデータ作成では、事業年度のデータがExcelの機能で自動変換されてエラーになることに注意が必要。

2 貸借対照表に関する留意点 －勘定科目の関連付けに注意が必要－

国税庁ホームページには、「勘定科目コード検索ツール」（https://www.e-tax.nta.go.jp/hojin/gimuka/csv_jyoho4.htm）が掲載されており、貸借対照表及び損益計算書の勘定科目コードの検索に当たっては、勘定科目コード検索ツールが利用できるようになっています。検索ツールは、①類似する勘定科目コードの検索が可能な「個別検索」、②複数の勘定科目コードの同時検索が可能な「一括検索」の2種類がありますので、一度確認をお願いします。

さらに国税庁ホームページには、操作方法のPDFも掲載されており、冒頭の説明文を以下に引用します。

「勘定科目コード検索ツール・一括検索」は、法人が使用している勘定科目を入力し、業種を選択することで、勘定科目コード表（以下「コード表」といいます。）の中から対応する勘定科目の「行区分」、「階層番号」及び「勘定科目コード」を一括で検索し、表示することができます。検索に当たっては、勘定科目は200個まで同時に検索することが可能です。

なお、検索した勘定科目及び検索結果は「CSVデータ作成用」シートに転記されますので、それらを利用して財務諸表のCSV形式データの作成も可能です。

おって、作成したCSV形式データが、CSV形式データ作成に当たっての留意事項等に沿っているかを確認するための、CSV ファイルチェックコーナーも併せてご利用ください。

この「勘定科目コード検索ツール」も含め、勘定科目の関連付けに関する留意点を以下にご案内します。

(1)　勘定科目の検索機能では「完全一致」のみを検索

前述の「勘定科目コード検索ツール・一括検索」の「操作方法」では、「検索する勘定科目の入力に当たっての留意事項」として次の記載があります。

【検索する勘定科目の入力に当たっての留意事項】

1　コード表の勘定科目と完全に一致する必要があります。

(例)【検索勘定科目】現金預金

【コード表】現金及び預金

⇒「該当なし」と表示されます。

2　数字及び括弧は全角･半角いずれを入力しても、検索結果に影響はありません。

(例)【検索勘定科目】１年内回収予定の長期貸付金

【コード表】1年内回収予定の長期貸付金

⇒該当する勘定科目コードが表示されます。

(例)【検索勘定科目】売掛金(純額)

【コード表】売掛金（純額）

⇒該当する勘定科目コードが表示されます。

このように検索にあたっては､コード表の勘定科目と完全に一致する必要があります。

そのため、例えば、国税庁提供の勘定科目には「ソフトウエア」がありますが、自社の勘定科目名が「ソフトウェア」である場合、「エ」と「ェ」が一致しないため検索しても「ソフトウエア」が表示されません。

(2)　同じ科目名の勘定科目が複数存在

国税庁提供の勘定科目には同じ科目名の勘定科目が複数あるため、流動･固定区分等、誤ったコードに関連付けしないよう注意が必要です。e-Tax で公開されている「勘定科目コード検索ツール」を活用することをお勧めします。

（例）「減価償却累計額」：一般商工業で20か所、全ての業種で126か所
「貸倒引当金」：一般商工業で16か所、全ての業種で81か所

ポイント

勘定科目の検索機能では「完全一致」しか検索しないため、検索結果だけでなく国税庁提供の勘定科目を確認した上で関連付けする必要がある。

3 損益計算書に関する留意点 －「販売費及び一般管理費の明細」の表示－

e-Taxでは、「販売費及び一般管理費の明細」はありません。「販売費及び一般管理費の明細」を提出している場合、「販売費及び一般管理費の明細」にある勘定科目・金額を損益計算書に追加して表示する必要があります。

なお、「販売費及び一般管理費」の勘定科目は、独自科目となるケースが多いことが想定されます。

国税庁指定の勘定科目のどの科目に関連付けるか等、検討に時間がかかる可能性があります。

ポイント

「販売費及び一般管理費の明細」を提出している場合、損益計算書に追加する必要がある。

4 株主（社員）資本等変動計算書に関する留意点

(1) 「標準フォーム」には、「入力用」と「CSVデータ作成用」の２つのシートが存在

株主（社員）資本等変動計算書では、国税庁提供の「標準フォーム」には「入力用」と「CSVデータ作成用」の２つのシートがあります。「入力用」は、「純資産の内訳項目」を横に「変動事由」を縦に記載した表形式となっており、多くの企業の開示資料と同じ形式となっています。そして「入力用」に入力したデータが「CSVデータ作成用」に転記され、「CSVデータ作成用」を加工してe-Taxに取り込むためのCSVデータを作成します。「CSVデータ作成用」は表形式ではなく縦形式の株主（社員）資本等変動計

算書になります。

株主（社員）資本等変動計算書は、表形式で作成している場合、作成しているデータに勘定科目コードを設定しCSV形式データを作成するのは煩雑であることから、このように「入力用」と「CSVデータ作成用」の２つの標準フォームが設けられ、数値（金額）の入力が容易に行えるようにしています。

資料４-５▶株主（社員）資本等変動計算書の標準フォームを使用した作成方法

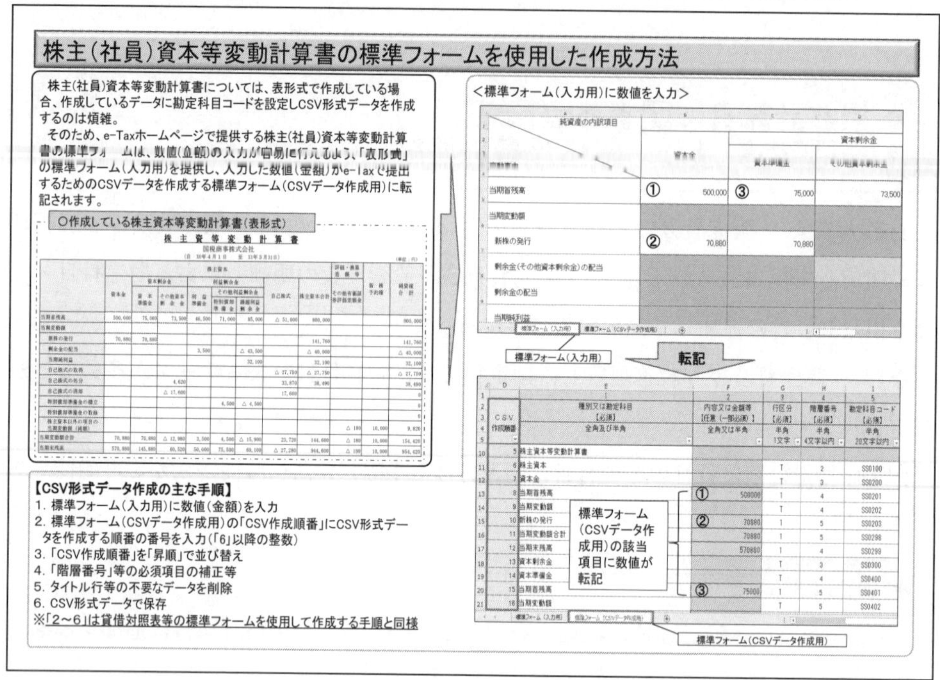

出典：「TKC電子申告セミナー2020」（令和２年６月）国税庁作成資料

なお、e-Taxに取り込んだ後に確認表の出力が可能ですが、確認表は「CSVデータ作成用」と同様の形式（縦形式）で出力されます。表形式では出力されませんので、ご注意ください。

(2)　項目の追加に注意が必要

「入力用」では一般的な項目があらかじめ登録されており、「その他利益剰余金」の内訳項目を最大３つまで追加することができます。「入力用」では、それ以外の項目は追加できないため、「純資産の内訳項目」（横列）や「変動事由」（縦列）を追加したい場合には、転記後の「CSVデータ作成用」のシートで直接項目を追加する必要があります。

①　純資産の内訳項目を追加する場合

変動事由も含めて追加する必要があります。項目を追加する場所に応じて「CSV

作成順番」「階層番号」「勘定科目コード」を指定する必要があります。

② 変動事由を追加する場合

影響がある全ての純資産の内訳項目に対して、変動事由を追加する必要があります。

「CSV データ作成用」で項目を追加すると、「入力用」のシートのデータとは整合性が取れなくなることに注意が必要です。

ポイント

1. 株主（社員）資本等変動計算書の「標準フォーム」には、「入力用」と「CSV データ作成用」の２つのシートがある。
2. 「入力用」のデータが「CSV データ作成用」に転記され、「CSV データ作成用」のデータを加工して電子申告データを作成する。
3. 「入力用」にない項目を追加する場合は、「CSV データ作成用」に直接追加入力する必要がある。
4. 追加入力すると「入力用」と「CSV データ作成用」のデータの整合性が取れなくなることに注意が必要である。

5 個別注記表に関する留意点

(1) 標準フォームのレイアウトの確認が必要

個別注記表については、注記項目毎に、標準フォームのレイアウトを事前に確認することをお勧めします。

作成に時間を要する代表的な箇所を以下にご案内します。

・固定資産の減価償却の方法

企業で作成している注記のスプレッドシートの一例（複数のセルで表現している）

Ⅰ　固定資産の減価償却の方法			
1．有形固定資産			
	建物	・・・	定額法
	機械	・・・	定額法

国税庁が公開しているレコードでは、１つのセルにする必要があります。

Ⅰ　固定資産の減価償却の方法	1．有形固定資産 建物・・・定額法 機械・・・定額法

(2) 金額は円単位

例えば「関係会社に対する金銭債権・金銭債務」の項目では、金額を千円、百万円単位で表示しているケースがありますが、国税庁が公開しているレコードでは数値のみの入力で金額はすべて円単位になりますので、注意が必要です。

なお、貸借対照表等と同様、金額にカンマが入力されているとエラーになりますので、ご注意ください。

企業で作成している注記のファイル（スプレッドシート等）の一例

4．関係会社に対する金銭債権又は金銭債務	
(1)　短期金銭債権	○○百万円
(2)　短期金銭債務	○○百万円
(3)　長期金銭債権	○○百万円
(4)　長期金銭債務	○○百万円

勘定科目内訳明細書のデータ作成における留意点

1 複数の内訳明細書を１つのシートにまとめる

既にご案内のとおり、国税庁ホームページには「勘定科目内訳明細書（平成31年４月１日以後終了事業年度分）の標準フォーム等」として、16種類の勘定科目内訳明細書の標準フォームが掲載されています。例えば、預貯金等の内訳書の標準フォームでは、以下のように１つのレイアウトが示されており、このレイアウトに沿ってデータを入力することになります。

1	2	3	4	5	6	7	8
フォーマット区分【必須】	行区分【必須】	金融機関名	支店名	種類	口座番号	期末現在高	摘要
1							

一方で、例えば、仮払金（前渡金）の内訳書、貸付金及び受取利息の内訳書については、標準フォーム内に２つのシートがあり、２種類のレイアウトを１つのCSVファイルとして作成する必要があります。

仮払金（前渡金）の内訳書、貸付金及び受取利息の内訳書の標準フォーム

「区分『4－1』HOI040_3.0_仮払金等」のシート

1	2	3	4	5	6	7	8
フォーマット区分【必須】	行区分【必須】	科目	相手先			期末現在高	摘要
			名称（氏名）	所在地（住所）	法人・代表者との関係		
4-1	0						

「区分『４－２』HOI040_3.0_ 貸付金等」のシート

1	2	3	4	5	6	7	8	9
フォーマット区分【必須】	行区分【必須】	貸付先			期末現在高	期中の受取利息額	利率	担保の内容
		名称（氏名）	所在地（住所）	法人・代表者との関係				
4-2								

このように仮払金等の内訳書は８列、貸付金等の内訳書は９列のレイアウトで、実際にe-Taxで読み込むための標準フォームを作成すると以下のようなファイルになります。異なるレイアウトを１つのシートに表現するため、どの行が何を意味しているのか作成後のシートでは分かりにくいと判断しています。なお、仮払金等の内訳書には合計行が用意されていないため、仮払金等の合計行を記載することはできません。

	A	B	C	D	E	F	G	H
1	4-1	0	前払費用	ＡＢＣ株式会社			720000000	前払保険料他
2	4-1	0		ＡＢＣ商事株式会社			210000000	前払賃借料
3	4-1	0		ＤＥＦ株式会社			230000000	前払賃借料
4	4-1	0		その他			3800000000	
5	4-2	0	株式会社ＤＥＦ商事			410000000		
6	4-2	0	ＧＨＩ株式会社			220000000		
7	4-2	0	株式会社ＧＨＩ商事			168000000		
8	4-2	0	ＡＢＣオートサプライ株式会社			43000000		
9	4-2	1				841000000		

このように標準フォーム内に２つ以上の複数のシートがある勘定科目内訳明細書は、次のとおりです。

・仮払金（前渡金）の内訳書、貸付金及び受取利息の内訳書
・買掛金（未払金・未払費用）の内訳書
・仮受金（前受金・預り金）の内訳書、源泉所得税預り金の内訳
・役員報酬手当等及び人件費の内訳書
・地代家賃等の内訳書、工業所有権等の使用料の内訳書
・雑益、雑損失等の内訳書

ポイント

1．複数の内訳書を１つのCSVファイルとして作成する必要がある。
2．レイアウトが異なる内訳書を１つのファイルにまとめるため、１つのシートに複数のレイアウトが存在し、一目でわかりにくいファイルになってしまう。

2 借入金の長短区分はない

国税庁が公開しているレコードでは、短期借入金、１年以内長期借入金、長期借入金の区分を入力する項目がありません。そのため、短期借入金、１年以内長期借入金、長期借入金のそれぞれで合計金額を確認することができませんので、ご注意ください。

Ⅶ 顧問税理士との役割分担

⑴　申告書別表の作成を顧問税理士に委託している場合

申告書別表の作成を顧問税理士に委託している場合においては、申告書別表を顧問税理士が作成し、企業側で作成した添付書類（財務諸表や勘定科目内訳明細書等）と併せて書面により所轄税務署長に提出しているケース又は申告書別表を顧問税理士が作成し、顧問税理士が申告書別表を代理送信にて電子申告し、その後企業側において添付書類を書面で提出するといったケースで運用がされていましたが、それができなくなっています。この場合の電子申告義務化への対応は以下の２つの方法が考えられますが、いずれにしても顧問税理士との役割分担を明確化する必要があります。

①　顧問税理士に企業が作成した添付書類のデータを送付し、顧問税理士が添付書類のデータも含めて代理送信にて電子申告する。

　この場合、電子申告を実施する環境が顧問税理士に必要となります。

②　従来どおりの役割分担で顧問税理士が申告書別表のみを代理送信にて電子申告し、その後、納税者（企業）が添付書類を追加送信で電子申告する。

　この場合は、電子申告を実施する環境が顧問税理士と納税者（企業）両方で必要となります。

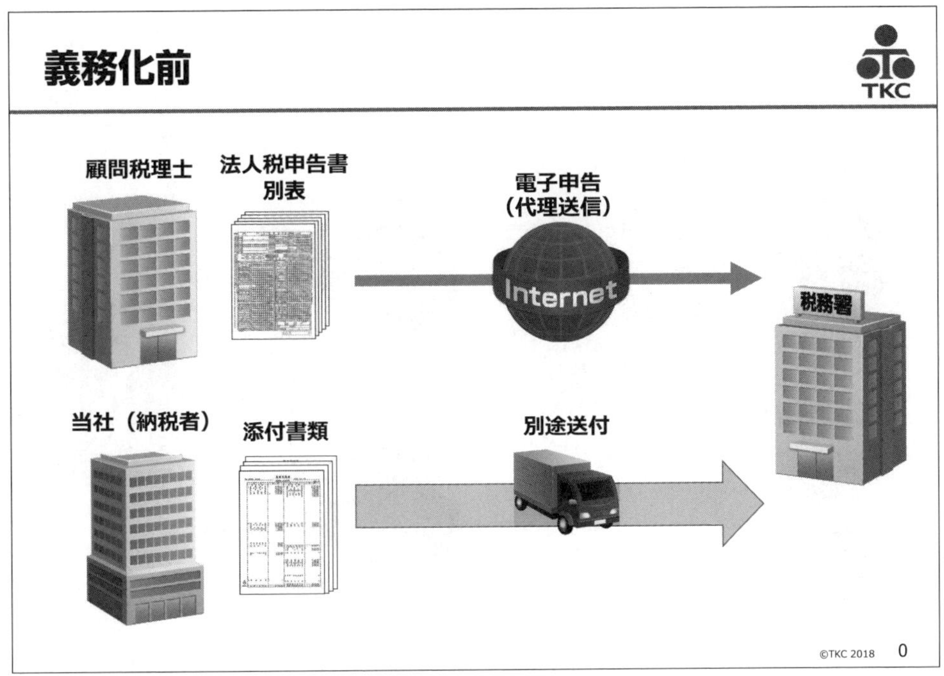
義務化前
TKC
顧問税理士
法人税申告書
別表
電子申告
（代理送信）
Internet
税務署
当社（納税者）
添付書類
別途送付
©TKC 2018
0

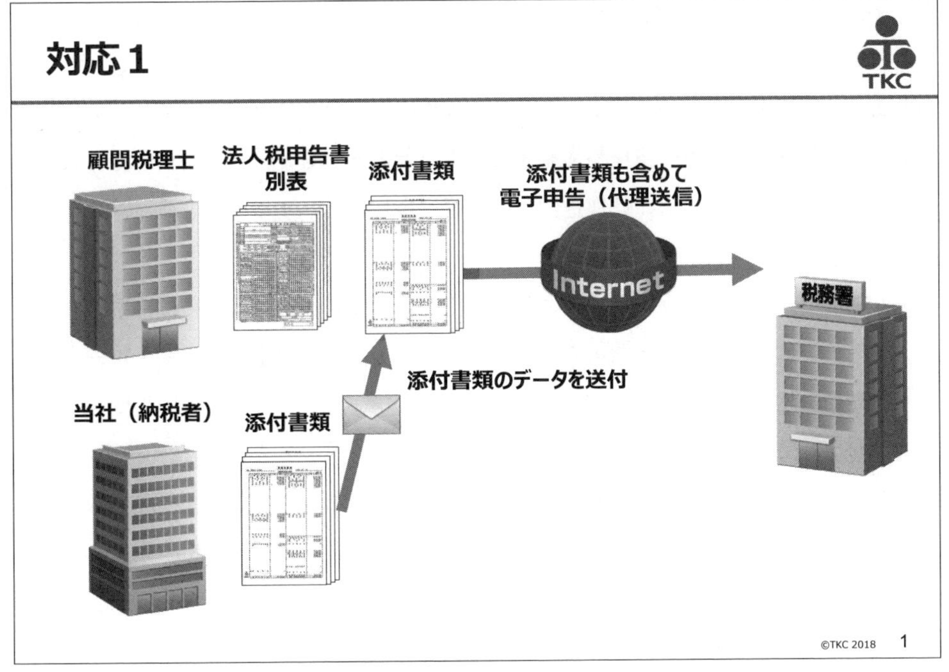
対応１
TKC
顧問税理士
法人税申告書
別表
添付書類
添付書類も含めて
電子申告（代理送信）
Internet
税務署
添付書類のデータを送付
当社（納税者）
添付書類
©TKC 2018
1

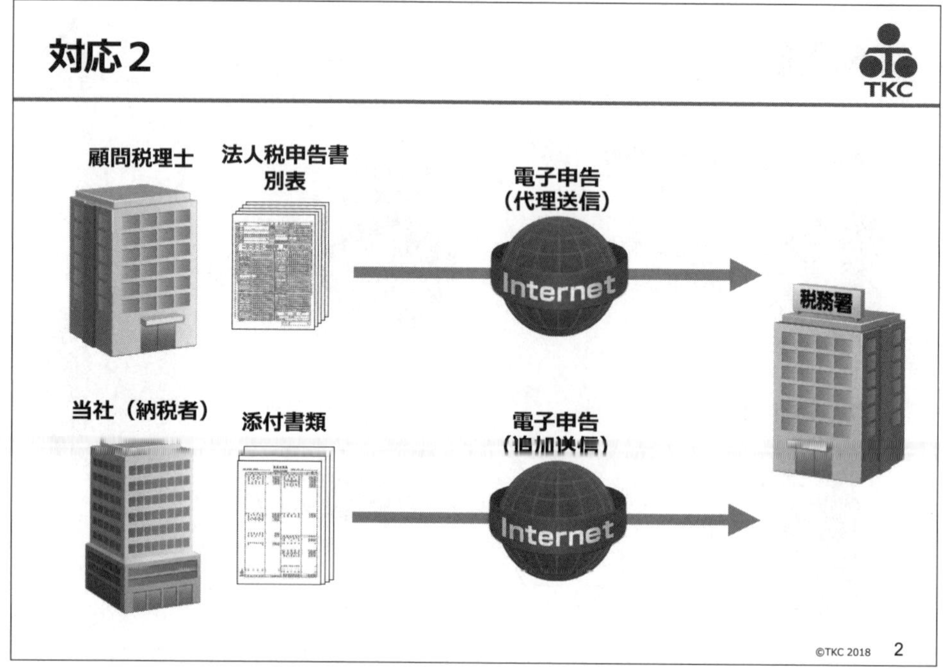

(2)　税理士に代理送信を依頼する場合

法人税申告のうち大規模法人での電子申告実施割合がまだ低いことからも、今後多くの大法人で電子申告を実施するための環境整備が必要となることが想定されています。電子申告を実施するための環境整備を検討することとあわせて、特に規模がそう大きくない企業を中心に、税理士の代理送信による電子申告で対応することを検討するケースも少なからず見受けられます。

一方電子申告では、平成19年１月より税理士が代理で送信する場合には、本人（代表者）の電子署名が省略可能となっており、特に税理士関与の中小企業の電子申告実施件数の爆発的な増加（法人税申告での利用率が平成18年度3.9％から平成19年度19.6％と５倍に増加）に繋がったことは記憶にあるところです。

税理士の代理送信による電子申告については、平成18年12月27日の国税庁告示第32号にて告示されており、税理士法第２条第１項第２号に規定する税務書類の作成を委嘱した税理士が可能となっています。

そのため、税務書類の作成を委嘱せずに電子申告の代理送信のみを実施することは認められませんので、ご留意ください。検討される企業は、税理士との顧問契約内容等を一度確認することをお勧めします。

第5章

連結納税制度、グループ通算制度における電子申告の留意点

連結納税制度における電子申告の留意点

1　連結子法人の添付書類も電子申告義務化の対象

既に第２章でご説明したとおり、連結納税適用法人においては、従前より連結子法人の個別帰属額等の届出書を連結確定申告書に添付して提出する必要があり、この連結子法人の個別帰属額等の届出書の添付書類として当該子法人の財務諸表や勘定科目内訳明細書も添付して提出しています。今回の電子申告義務化の対象書類には連結子法人の財務諸表や勘定科目内訳明細書等の添付書類も含まれます。連結子法人の財務諸表や勘定科目内訳明細書についても親法人分と同様に、国税庁が指定するフォーマットに合わせてデータを作成し、電子申告する必要がありますので注意が必要です。

2　連結親法人、連結子法人での業務分担の明確化

第３章で添付書類を電子申告している割合が極めて低い点についてご案内しましたが、これは連結納税における子法人の添付書類についても同様の傾向にあると捉えています。株式会社 TKC が連結納税適用済みの企業30社程度に確認したところ、子法人の財務諸表や勘定科目内訳明細書の添付書類は書面で提出しているケースがほとんどで、また、子法人からは添付書類が PDF 等のファイルベースで電子メール等により親法人に提出され、親法人が印刷しチェックした上で編綴・提出しているケースが多いようです。さらに、子法人が親法人に提出する財務諸表や勘定科目内訳明細書のデータフォーマットが連結納税グループで統一されているケースは極めてまれで、各社各様のデータフォーマットで財務諸表や勘定科目内訳明細書を提出しているのが現状のようです。

そのため、今回の電子申告義務化にあたり、国税庁が指定するフォーマットに合わせた子法人分の財務諸表や勘定科目内訳明細書のデータをどのような業務分担で作成するかを検討する必要があります。以下に、業務分担の事例をいくつかご紹介します。

⑴　子法人に国税庁が指定するフォーマットの作成要領を教育し、子法人がフォーマットに合わせたデータを作成する。

・親法人での工数が少なくて済みます。

・データ作成が子法人任せになり、内容も各社各様になる可能性が高いので親法人でのチェック工数が増加することが懸念されます。

⑵　親法人が国税庁が指定するフォーマットを作成するツール（テンプレート等）を作成（もしくは市販ソフトのツールを活用）し、子法人はツールを利用しデータを作成する。

・ツールにより作成されるデータの質が担保されます。

・子法人でデータが容易に作成できます。

⑶　子法人には従前どおりのフォーマットでデータを提出してもらい、親法人で国税庁が指定するフォーマットに変換する。

・子法人での業務負荷は軽減できますが、親法人での工数が増大します。

これらの課題を解決するためには、以下の項目について早急に検討・対応することが必要です。

①　これまで電子申告を行っていなかった場合は、トライアル（準備）として予定申告書から電子申告を行い、電子申告作業の一連の流れを習得する。

②　添付書類（財務諸表や勘定科目内訳明細書等）の電子データ作成について、どのフォームを採用するかを決定し、親法人と子法人の役割分担を確定する。

③　添付書類の電子データ作成については前年度の決算書類等を基にトライアルを行い、事前にエラー等の問題点を解決する。

④　子法人に対する説明会の実施、個別のアフターフォローの実施について検討を行い全体のスケジュールを決定する。

具体的な事例について、第７章（135ページ）に税務通信3607号の実務担当者の座談会記事を掲載しておりますので参考にしてください。

3　グループ通算制度への移行を踏まえた業務設計が必要

詳細は次の「Ⅱ．グループ通算制度における電子申告の概要」でご説明しますが、連結納税適用法人は、令和４年４月１日以後に開始する事業年度からグループ通算制度へ移行するか、単体申告とするか選択することになります。以下では３月決算企業を例に説明しますが、連結納税制度での電子申告義務化は２事業年度のみ、と限定した業務になるため、２事業年度のみ対応する業務として検討を進める必要があります。

３月決算企業がグループ通算制度に移行する例

⑴　令和２年４月から令和３年３月の事業年度（令和２年度）

連結納税制度のもとでの電子申告義務化

⑵　令和３年４月から令和４年３月の事業年度（令和３年度）

連結納税制度のもとでの電子申告義務化

⑶　令和４年４月から令和５年３月の事業年度（令和４年度）（以後同様）

グループ通算制度のもとでの電子申告義務化

		令和２年４月から令和４年３月（２事業年度）		令和４年４月以降	
		連結納税		グループ通算制度	
	法人区分	法人税申告	添付書類	法人税申告	添付書類
P	連結親法人（資本金１億円超）	納税主体	全社分提出	納税主体	自社分提出
S1	連結子法人（資本金１億円超）	（届出書提出）		納税主体	自社分提出
S2	連結子法人（資本金１億円以下）	（届出書提出）		納税主体	自社分提出

グループ通算制度に移行すると、

①　子法人も納税主体となり自社分の添付書類を電子申告する必要があります。

②　一方で、親法人は自社分の添付書類のみ電子申告することとなります。

そのため、連結納税制度において、子法人の財務諸表や勘定科目内訳明細書をはじめとする添付書類を、どのような業務分担で国税庁が指定するフォーマットに合わせてデータを作成するかについては、グループ通算制度で必要となる実務対応も踏まえながら検討する必要があると判断しています。

なお、令和２年４月から令和４年３月の２事業年度で修正申告があった場合には、当該修正申告は連結納税制度における電子申告義務化の対象であることにも留意が必要であると捉えています。

ポイント

1．連結納税適用法人の場合、連結確定申告書、個別帰属額等の届出書だけでなく、連結子法人の添付書類も電子申告義務化の対象書類に含まれる。

2．連結子法人の財務諸表、勘定科目内訳明細書等の添付書類の電子申告データをどのような役割分担で作成するのかを検討する必要がある。

3．令和４年４月以降にグループ通算制度が適用されることを見越した準備をお勧めする。

Ⅱ グループ通算制度における電子申告の概要

令和2年3月に公布された所得税法等の一部を改正する法律（令和2年法律第8号）において連結納税制度を見直し、グループ通算制度へ移行することとされ、令和4年4月1日以後に開始する事業年度から適用することとされました。

グループ通算制度の電子申告に関する内容について、以下にご紹介します。その他の制度内容に関する説明は本書では割愛します。

1 グループ通算制度では、個別申告方式に

「グループ通算制度においては、その適用を受ける通算グループ内の各通算法人を納税単位として、その各通算法人が個別に法人税額の計算及び申告を行います（法74等）」（出典：国税庁「グループ通算制度の概要」令和2年4月）とされており、法人税においても地方税同様各通算法人（通算親法人と通算子法人の全ての法人）で申告することとなります。

以下、資料5－2にて各通算法人で申告することが図示されていますので、詳細はこちらを確認してください。

資料5-2▶連結納税制度のグループ通算制度への移行

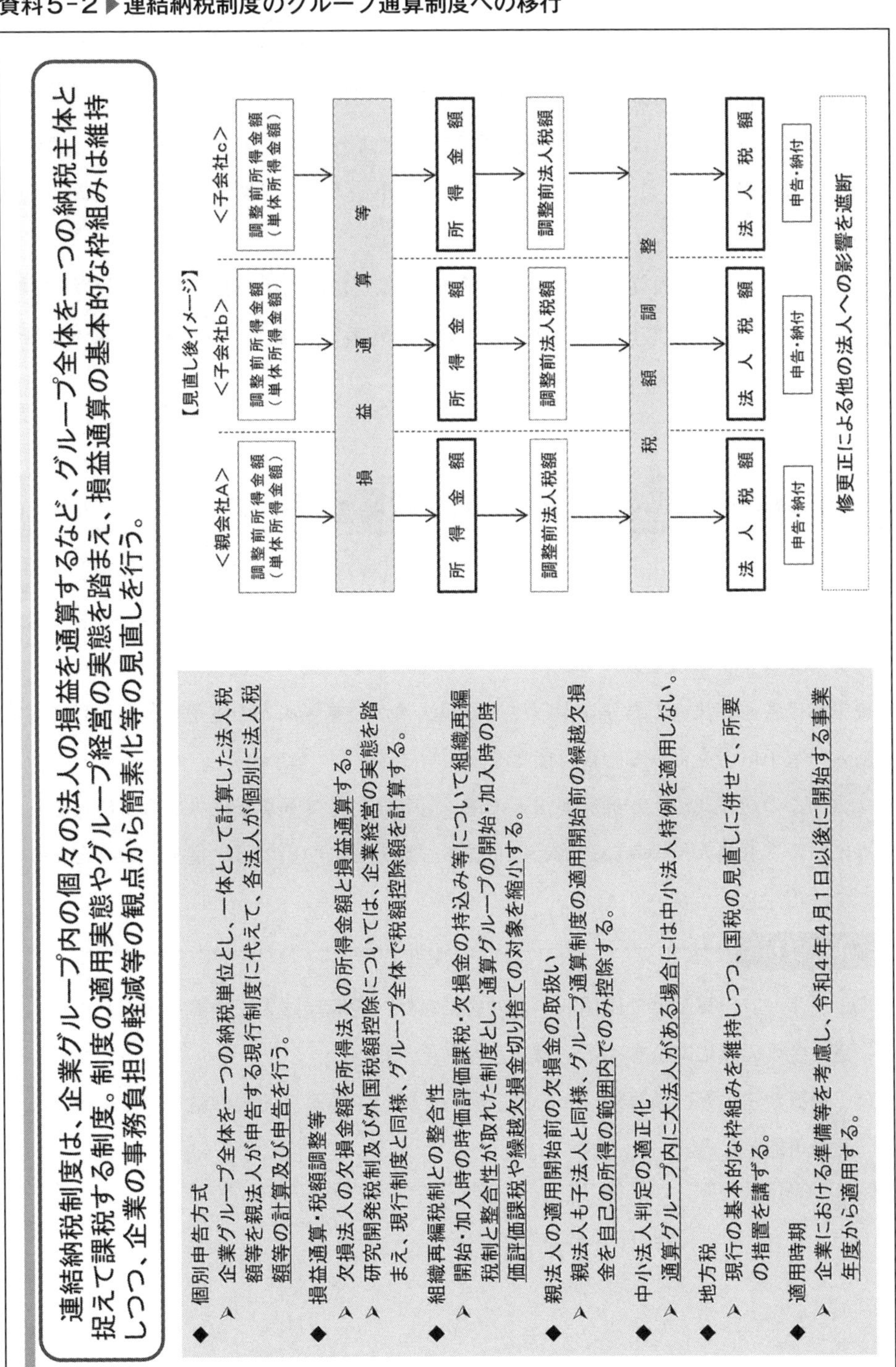

出典：「TKC 税制改正セミナー」（2020年２月財務省講演資料）　43スライド

2 グループ通算制度では、全ての法人で電子申告が義務化に

通算法人は、事業年度開始の時における資本金の額又は出資金の額が１億円以下であるか否かにかかわらず、e-Taxを使用する方法により納税申告書を提出する必要があり（法人税法75の４①②)、大法人だけでなく中小法人であっても電子申告が義務化されることになります。

なお、このグループ通算制度における電子申告義務化は、法人税のみに適用されます。地方税については、従来どおり単体申告となり、資本金１億円超の大法人で電子申告が義務化されることにご注意ください。

3 通算親法人による通算子法人の電子申告が可能に

これに際し、通算親法人が、通算子法人の法人税の申告に関する事項の処理として、その通算親法人の電子署名をしてe-Taxにより提供した場合には、その通算子法人がe-Taxによる申告の規定により提出したものとみなされます（法人税法150の３①②)。納税主体は各通算法人でありながら、通算親法人が通算親法人の電子署名を付して通算子法人の電子申告を行うことが可能となっています。

なお、この通算親法人が通算親法人の電子署名を付して通算子法人の電子申告を行える点についても法人税のみの適用となります。地方税については、従来どおりとなりますので、ご注意ください。

ポイント

1. グループ通算制度では個別申告方式になり、通算親法人、通算子法人ともに、資本金等の額に関係なく電子申告が義務化される。
2. 通算親法人が、通算親法人の電子署名を付して通算子法人の電子申告を行うことが可能となる。

グループ通算制度適用に伴う電子申告の留意点

ここでは、グループ通算制度適用に伴い電子申告で留意すべき事項について、単体申告法人がグループ通算制度を採用する場合と連結法人（連結親法人、連結子法人）がグループ通算制度に移行する場合に分けて説明します。

また、それぞれの場合で、親法人が資本金１億円超の大法人のケースと資本金１億円以下の中小法人のケースに分け、法人税と地方税に関してグループ通算制度採用前と採用後の電子申告義務化の有無や提出書類等について表形式で説明します。

なお、本内容については執筆時点の情報に基づき記載していますので、ご承知おきください。

1 単体申告法人がグループ通算制度を採用する場合

３つの法人パターン別に、単体申告法人がグループ通算制度を採用する際に、電子申告義務化対応がどのようになるのかを図表で示しながら、説明します。

３つの法人パターン

1．親法人Ｐ

2．子法人 S1（資本金１億円超）

3．子法人 S2（資本金１億円以下）

(1) 親法人が資本金１億円超の大法人の場合

① 法人税

単体申告

	法人区分	法人税申告	電子申告義務化	提出書類
P	親法人（単体納税） （資本金１億円超）	納税主体	対象	確定申告書 添付書類（自社分）
S1	子法人（単体納税） （資本金１億円超）	納税主体	対象	確定申告書 添付書類（自社分）
S2	子法人（単体納税） （資本金１億円以下）	納税主体	対象外	確定申告書 添付書類（自社分）

グループ通算制度

	法人区分	法人税申告	電子申告義務化	提出書類
P	通算親法人 （資本金１億円超）	納税主体	対象	確定申告書 添付書類（自社分）
S1	通算子法人 （資本金１億円超）	納税主体	対象 （みなし規定）	確定申告書 添付書類（自社分） （通算親法人の電子署名による電子申告が可能）
S2	通算子法人 （資本金１億円以下）	納税主体	対象 （みなし規定）	確定申告書 添付書類（自社分） （通算親法人の電子署名による電子申告が可能）

単体申告で親法人が資本金１億円超の場合、Ｐ社とS1社が法人税の電子申告義務化対象法人となり、S2社は電子申告の義務化対象ではない状況下にあります。

グループ通算制度を採用すると、まずS2社が電子申告義務化対象法人になることに留意が必要です。また、前述のとおり通算子法人については、通算親法人の電子署名による電子申告が可能となっています。これは資本金の大小に関係なく適用されますので、S1社、S2社ともに通算親法人の電子署名による電子申告が可能であることを確認してください。

②　地方税

単体申告

	法人区分	地方税申告	電子申告義務化	提出書類
P	親法人（単体納税） （資本金１億円超）	納税主体	対象	確定申告書 添付書類（自社分）
S1	子法人（単体納税） （資本金１億円超）	納税主体	対象	確定申告書 添付書類（自社分）
S2	子法人（単体納税） （資本金１億円以下）	納税主体	対象外	確定申告書 添付書類（自社分）

グループ通算制度

	法人区分	地方税申告	電子申告義務化	提出書類
P	通算親法人 （資本金１億円超）	納税主体	対象	確定申告書 添付書類（自社分）
S1	通算子法人 （資本金１億円超）	納税主体	対象	確定申告書 添付書類（自社分）
S2	通算子法人 （資本金１億円以下）	納税主体	対象外	確定申告書 添付書類（自社分）

地方税においては、グループ通算制度採用後も単体申告の場合と同様の対応となります。

⑵　親法人が資本金１億円以下の中小法人の場合

①　法人税

単体申告

	法人区分	法人税申告	電子申告義務化	提出書類
P	親法人（単体納税） （資本金１億円以下）	納税主体	対象外	確定申告書 添付書類（自社分）
S1	子法人（単体納税） （資本金１億円超）	納税主体	対象	確定申告書 添付書類（自社分）
S2	子法人（単体納税） （資本金１億円以下）	納税主体	対象外	確定申告書 添付書類（自社分）

グループ通算制度

	法人区分	法人税申告	電子申告義務化	提出書類
P	通算親法人 （資本金１億円以下）	納税主体	対象	確定申告書 添付書類（自社分）
S1	通算子法人 （資本金１億円超）	納税主体	対象 （みなし規定）	確定申告書 添付書類（自社分） （通算親法人の電子署名による電子申告が可能）
S2	通算子法人 （資本金１億円以下）	納税主体	対象 （みなし規定）	確定申告書 添付書類（自社分） （通算親法人の電子署名による電子申告が可能）

単体申告で親法人が資本金１億円以下の場合、資本金１億円超のS1社が法人税の電子申告義務化対象法人となり、Ｐ社とS2社は電子申告の義務化対象ではない状況下にあります。

グループ通算制度を採用すると、Ｐ社とS2社も電子申告義務化対象法人になります。また、前述のとおり通算子法人については、通算親法人の電子署名による電子申告が可能となっています。⑴同様、S1社、S2社ともに通算親法人の電子署名による電子申告が可能であることを確認してください。なお、Ｐ社は電子申告義務化対象ですので、自社の電子申告にあたり自社の電子署名（もしくは税理士による代理送信）が必要になります。

②　地方税

単体申告

	法人区分	地方税申告	電子申告義務化	提出書類
P	親法人（単体納税） （資本金１億円以下）	納税主体	対象外	確定申告書 添付書類（自社分）
S1	子法人（単体納税） （資本金１億円超）	納税主体	対象	確定申告書 添付書類（自社分）
S2	子法人（単体納税） （資本金１億円以下）	納税主体	対象外	確定申告書 添付書類（自社分）

グループ通算制度

	法人区分	地方税申告	電子申告義務化	提出書類
P	通算親法人 （資本金１億円以下）	納税主体	対象外	確定申告書 添付書類（自社分）
S1	通算子法人 （資本金１億円超）	納税主体	対象	確定申告書 添付書類（自社分）
S2	通算子法人 （資本金１億円以下）	納税主体	対象外	確定申告書 添付書類（自社分）

地方税においては、グループ通算制度採用後も、単体申告の場合と同様の対応となります。詳細は上の図表をご確認ください。

2　連結法人（連結親法人、連結子法人）がグループ通算制度に移行する場合

1の単体申告のケースと同様に、３つの法人パターン別に、連結法人（連結親法人、連結子法人）がグループ通算制度を採用する際に、電子申告義務化対応がどのようになるのかを図表で示しながら、説明します。

３つの法人パターン

1．連結親法人Ｐ
2．連結子法人 S1（資本金１億円超）
3．連結子法人 S2（資本金１億円以下）

⑴　連結親法人が資本金１億円超の大法人の場合

①　法人税

連結納税制度

	法人区分	法人税申告	電子申告義務化	提出書類
P	連結親法人 （資本金１億円超）	納税主体	対象	連結確定申告書 個別帰属額等の届出書 （親法人、子法人分） 添付書類 （親法人、子法人分）
S1	連結子法人 （資本金１億円超）	（届出書提出）	—	（親法人が電子申告する場合、子法人による提出は不要）
S2	連結子法人 （資本金１億円以下）	（届出書提出）	—	（親法人が電子申告する場合、子法人による提出は不要）

グループ通算制度

	法人区分	法人税申告	電子申告義務化	提出書類
P	通算親法人 （資本金１億円超）	納税主体	対象	確定申告書 添付書類（自社分）
S1	通算子法人 （資本金１億円超）	納税主体	対象 （みなし規定）	確定申告書 添付書類（自社分） （通算親法人の電子署名による電子申告が可能）
S2	通算子法人 （資本金１億円以下）	納税主体	対象 （みなし規定）	確定申告書 添付書類（自社分） （通算親法人の電子署名による電子申告が可能）

連結納税制度で連結親法人が資本金１億円超の場合、Ｐ社が納税主体で連結法人税の電子申告義務化対象法人となり、連結子法人であるS1社、S2社は納税主体でなく「個別帰属額等の届出書」を提出することとなっています。また、先に示したとおり、令和２年４月以後終了事業年度分の申告から、連結親法人が連結子法人の「個別帰属額等の届出書」をe-Tax等により、連結親法人の納税地の所轄税務署長に提出した場合には、連結子法人が「個別帰属額等の届出書」を連結子法人の所轄税務署長に提出したものと

みなし、連結子法人による提出が不要となっています。そのため、電子申告義務化に伴い親法人が連結子法人の個別帰属額等の届出書やその添付書類等義務化対象の書類をすべて電子申告していれば、連結子法人は連結法人税部分に関する書類の提出は不要になります。

一方、グループ通算制度を採用すると、まず通算子法人であるS1社とS2社が納税主体となり電子申告義務化対象法人になることに留意が必要です。また、前述のとおり通算子法人については、通算親法人の電子署名による電子申告が可能となっています。ここは単体申告の説明と同様になりますので、そちらをご確認ください。

② 地方税

連結納税制度

	法人区分	地方税申告	電子申告義務化	提出書類
P	連結親法人 （資本金１億円超）	納税主体	対象	確定申告書 添付書類（自社分）
S1	連結子法人 （資本金１億円超）	納税主体	対象	確定申告書 添付書類（自社分）
S2	連結子法人 （資本金１億円以下）	納税主体	対象外	確定申告書 添付書類（自社分）

グループ通算制度

	法人区分	地方税申告	電子申告義務化	提出書類
P	通算親法人 （資本金１億円超）	納税主体	対象	確定申告書 添付書類（自社分）
S1	通算子法人 （資本金１億円超）	納税主体	対象	確定申告書 添付書類（自社分）
S2	通算子法人 （資本金１億円以下）	納税主体	対象外	確定申告書 添付書類（自社分）

地方税においては、グループ通算制度採用後も、連結納税制度と同様の対応となります。

(2) 連結親法人が資本金１億円以下の中小法人の場合

① 法人税

連結納税

	法人区分	法人税申告	電子申告義務化	提出書類
P	連結親法人 (資本金１億円以下)	納税主体	対象外	連結確定申告書 個別帰属額等の届出書 (親法人、子法人分) 添付書類 (親法人、子法人分)
S1	連結子法人 (資本金１億円超)	(届出書提出)	—	(親法人が電子申告する場合、子法人による提出は不要)
S2	連結子法人 (資本金１億円以下)	(届出書提出)	—	(親法人が電子申告する場合、子法人による提出は不要)

グループ通算制度

	法人区分	法人税申告	電子申告義務化	提出書類
P	通算親法人 (資本金１億円以下)	納税主体	対象	確定申告書 添付書類（自社分）
S1	通算子法人 (資本金１億円超)	納税主体	対象 (みなし規定)	確定申告書 添付書類（自社分） (通算親法人の電子署名による電子申告が可能)
S2	通算子法人 (資本金１億円以下)	納税主体	対象 (みなし規定)	確定申告書 添付書類（自社分） (通算親法人の電子署名による電子申告が可能)

連結納税制度で連結親法人が資本金１億円以下の場合、Ｐ社が納税主体で電子申告義務化対象法人ではありません。また、連結子法人である S1社、S2社は(1)でご案内のとおり、納税主体でないことから電子申告義務化の対象はグループ全体で存在しないことになります。

また、グループ通算制度を採用すると、まず通算親法人Ｐ社と通算子法人である S1社と S2社が電子申告義務化対象法人になります。また、前述のとおり通算子法人については、通算親法人の電子署名による電子申告が可能となっています。

② 地方税

連結納税制度

	法人区分	地方税申告	電子申告義務化	提出書類
P	連結親法人 （資本金１億円以下）	納税主体	対象外	確定申告書 添付書類（自社分）
S1	連結子法人 （資本金１億円超）	納税主体	対象	確定申告書 添付書類（自社分）
S2	連結子法人 （資本金１億円以下）	納税主体	対象外	確定申告書 添付書類（自社分）

グループ通算制度

	法人区分	地方税申告	電子申告義務化	提出書類
P	通算親法人 （資本金１億円以下）	納税主体	対象外	確定申告書 添付書類（自社分）
S1	通算子法人 （資本金１億円超）	納税主体	対象	確定申告書 添付書類（自社分）
S2	通算子法人 （資本金１億円以下）	納税主体	対象外	確定申告書 添付書類（自社分）

こちらについても連結納税制度の場合と同様となります。

ポイント

グループ通算制度の適用にあたり、法人税、地方税それぞれで電子申告義務化への対応がどのように変わるのかを自社の状況に応じて確認することをお勧めする。

第6章

仮決算による中間申告における電子申告の実務上の留意点

Ⅰ 仮決算による中間申告の概要

普通法人はその事業年度が６月を超える場合には、その事業年度開始の日以後６月を経過した日から２月以内に中間申告書を提出し、中間税額を納付しなければなりません。中間申告については予定申告と仮決算による中間申告の２つの方法があり、いずれかを選択することができます。

1 予定申告

次の算式により計算した金額を中間分の税額として申告します。ただし、中間税額が10万円以下である場合は、申告・納税を要しません（法法71）。

$$中間税額 = \frac{\text{その事業年度開始の日以後６月を経過した日の前日までに確定した前事業年度の確定法人税額}}{\text{前事業年度の月数}} \times 6$$

2 仮決算による中間申告

中間申告をすべき普通法人がその事業年度開始の日以後６月の期間を１事業年度とみなして仮決算を行った場合には、仮決算による中間申告を行うことができます（法法72）。

ただし、平成23年度税制改正により、法人税の中間納付制度について、仮決算による中間申告税額が前事業年度の確定法人税額の12分の６を超える場合には、仮決算による中間申告書を提出できないこととなりました。これは還付加算金の支払いを受けるために、前事業年度の法人税額を基準とした中間申告額（予定申告税額）よりも高額な中間納付を仮決算による中間申告により行うことを制限することを目的にした改正とされています。したがって、実務上は、仮決算による中間申告を行う場合には、申告税額が予定申告税額を下回っているかの確認が必要となります。

ポイント

1．中間申告には、予定申告と仮決算による中間申告の２つの方法があり、選択が可能である。

2．仮決算による中間申告は、予定申告税額を下回っている場合のみ可能である。

Ⅱ 地方税申告における実務上の留意点

法人税について予定申告（法法71）ではなく仮決算による中間申告（法法72）を実施する場合、地方税で法人税と同じ仮決算による中間申告にならないケースがあることに注意する必要があります。

1 単体申告の場合

上述のとおり、平成23年度税制改正で、仮決算による中間申告税額が予定申告税額を超える場合には、仮決算による中間申告ができないこととされました。これに伴い、事業税も同様に、仮決算による事業税額が予定申告に係る事業税額を超える場合は、仮決算による中間申告が行えないこととされています（地法72の26①ただし書）。２以上の都道府県において事務所又は事業所を設けて事業を行う法人（分割計算を行う法人）は、課税標準の総額を関係都道府県に分割し、分割した額を課税標準として関係都道府県ごとに事業税額を算定することから、都道府県ごとに、仮決算による中間申告が行えるか・行えないかを判定する必要があります。法人税について仮決算による中間申告であれば、すべての団体で事業税の中間申告が仮決算による中間申告になるとは限りません。

このため、以下のように税目又は団体ごとに異なる方法で中間申告を行う場合がありますので、注意が必要です。

(例)　事業所が、東京都特別区（本店）と栃木県宇都宮市（支店）の２か所にあります。
仮決算による中間申告を行うにあたり、税額を計算してみたところ次のとおりになりました。

税目	申告先	計算結果
法人税	－	仮決算による中間申告税額　＜　予定申告税額
事業税	東京都	仮決算による中間申告税額　＜　予定申告税額
	栃木県	仮決算による中間申告税額　＞　予定申告税額

上記の計算結果を受けて、各税目の中間申告の方法は次のようになります。

税目	申告先	申告方法
法人税	－	仮決算による中間申告
都道府県民税(法人税割)	東京都	仮決算による中間申告 (住民税は、法人税と同じ方法により中間申告を行うこととされています。)
	栃木県	
事業税	東京都	仮決算による中間申告
	栃木県	予定申告

(注)　市町村民税は省略しています。

このように、仮決算による中間申告を行うにあたり、事業税において都道府県ごとに仮決算による事業税額と予定申告に係る事業税額の計算結果を比較して、仮決算による中間申告と予定申告のどちらを適用するのかを確認し、申告書を作成、提出する必要があります。

これは、電子申告だけでなく書面による申告でも同様ですが、eLTAX（地方税ポータルシステム）で提供しているソフトウエアのPCdeskでは、データ作成時に「予定申告」又は「中間申告」(仮決算による中間申告のケースで利用します）のいずれかの申告区分を設定する必要があり、１つのデータで「予定申告」と「中間申告」の両方を取り扱うことができないため、電子申告では特に注意が必要になります。

上記の例の場合、次の要領で電子申告することになります。

法人税：e-Taxで仮決算による中間申告

地方税：eLTAXで「予定申告」区分のデータを作成し、栃木県の事業税を申告
eLTAXで「中間申告」区分のデータを作成し、東京都の事業税と都道府県民税（東京都と栃木県）を申告

ポイント

1．単体申告の場合、法人税で仮決算による中間申告を行っても、地方税では税目又は団体ごとに異なる方法で中間申告を行うケースがある。
2．事業税では、団体ごとに仮決算による事業税額と予定申告に係る事業税額の計算結果を比較して、どちらを選択するのかを確認する必要がある。
3．eLTAX では、「予定申告」と「中間申告」のデータを分けて管理している。

2 連結納税の場合

連結納税を行っている場合には、地方税（法人住民税、法人事業税）について仮決算による中間申告を行うことはできません（地方税法72の26①、53②、321の８②）。法人税について仮決算による中間申告を実施した場合であっても、地方税については子法人も含め、すべての提出先で予定申告となりますので、ご注意ください。

また、子法人による個別帰属額等の届出書の提出は不要となります。

仮決算による中間申告では、連結親法人が連結中間申告書を提出することが求められており（法人税法81の20）、連結子法人が提出する書類はありません。確定申告の際に必要となる個別帰属額等の届出書の提出は、中間申告では不要となります。

なお、令和２年４月以後終了事業年度の申告より、連結親法人が連結子法人の個別帰属額等の届出書を e-Tax により提出する場合、連結子法人が当該個別帰属額等の届出書を当該連結子法人の本店等の所轄税務署長に提出したものとみなし、連結子法人による提出を不要とする措置が講じられています。

以上を表にまとめると、連結納税における仮決算による中間申告は次のとおりです。

	連結親法人	連結子法人
法人税	仮決算による中間申告	−（中間申告義務なし） ※個別帰属額等の届出書の提出不要
地方税	予定申告	予定申告

上記の例の場合、次の要領で電子申告することになります。

親法人

法人税：e-Taxで仮決算による中間申告

地方税：eLTAXの「予定申告」区分で申告

子法人

地方税：eLTAXの「予定申告」区分で申告

ポイント

連結納税の場合、地方税は予定申告になる。

Ⅲ 仮決算による中間申告書には添付書類の提出が必要

仮決算による中間申告書には、確定申告書と同様に当該期間末日における貸借対照表、当該期間の損益計算書その他の財務省令で定める書類を添付しなければならない（法人税法72②、81の20②）とされており、中間期における財務諸表と勘定科目内訳明細書を添付する必要があります。さらに、連結納税では、連結親法人だけでなく連結子法人の添付書類（財務諸表と勘定科目内訳明細書等）の提出も必要となります。添付書類について、確定申告と同様の実務対応が必要となる点に注意が必要です。

そのため、電子申告義務化対象法人は、仮決算による中間申告では、中間申告書だけでなく、添付書類も含めて電子申告する必要があることにご注意ください。

ポイント

仮決算による中間申告書には添付書類の提出が必要であり、電子申告義務化対象法人は添付書類も含めて電子申告する必要がある。

第7章

座談会　大法人の電子申告義務化への対応～実務担当者の今後の課題と解決策～

（週刊税務通信 No.3607（令和2年6月1日））

令和２年４月１日以後開始事業年度（課税期間）に適用される、法人税や消費税、地方税の法人住民税や法人事業税の電子申告義務化がいよいよスタートした。資本金１億円超の義務化対象法人が電子申告を怠ると、無申告加算税が課される恐れもある。

弊誌では電子申告義務化に関する記事を何度も取り上げてきたが（№3596、3579、3553等）、今回、企業の経理部門のご担当者様にお集まりいただき、電子申告義務化への対応に係る現状や今後の対応などを話し合っていただいた（協力：株式会社 TKC）。

＊本座談会は令和２年２月21日に開催しました。

本座談会の参加メンバー

＜司会＞

TKC 全国会　中堅・大企業支援研究会　電子申告義務化支援プロジェクトリーダー

税理士　長谷川 暢彦　先生

＜実務担当者様＞

伊藤忠商事株式会社　経理部　税務室　税務室長代行

中井 剛　様

アサヒプロマネジメント株式会社　財務企画部　税務グループ　グループリーダー

栗田 芳典　様

株式会社オンワードホールディングス　経理・IR 部　決算課　課長

森田 晋太郎　様

＊順不同。以下、敬称略。

<目　次>

電子申告義務化の概要	
対象税目	法人税及び地方法人税並びに消費税及び地方消費税 法人市町村民税、法人都道府県民税、法人事業税及び特別法人事業税
対象法人	内国法人のうち、その事業年度開始の時において資本金の額又は出資金の額が１億円を超える法人　等
対象手続	○確定申告書、中間（予定）申告書、仮決算の中間申告書、修正申告書及び還付申告書 ○申告書及び申告書に添付すべきものとされている書類の全て
適用時期	令和２年４月１日以後に開始する事業年度（課税期間）から適用

主な利便性向上施策等（電子申告義務化に当たり、法人税等に係る申告データを円滑に電子提出できるよう、主に以下の申告環境整備がされている）
○勘定科目内訳明細書の記載方法の簡素化
○勘定科目内訳明細書・法人税申告書別表（明細記載を要する部分）・財務諸表、これらのCSV形式の提出が可能に
○ e-Tax の送信容量の拡大
○添付書類の提出方法の拡充（光ディスク等による提出）
○連結納税の承認申請関係書類・連結法人に係る個別帰属額等の届出書・財務諸表、これらの提出先の一元化　等

1　自己紹介

【長谷川】　東京税理士会神田支部に所属しております、税理士の長谷川と申します。TKC 全国会に中堅・大企業支援研究会がありまして、そのなかで電子申告義務化支援プロジェクトのリーダーをやっております。

４月から電子申告義務化が開始されるということで、いま疑問に思っていることや社

内で課題になっているところを皆さんで共有していただき、その解決策を考えていこうと思います。皆さんのご意見をお聞きしながら、私も勉強していきたいと考えておりますので、よろしくお願いいたします。

【中井】 伊藤忠商事の中井と申します。本日は色々とお話させていただくとともに、色々と勉強させていただきたいと思っております。よろしくお願いいたします。

【森田】 オンワードホールディングスの森田と申します。本日は他社様のご意見が聞ける貴重な機会ですので、実務面での率直な意見交換ができたらと考えております。よろしくお願いいたします。

【栗田】 アサヒプロマネジメントの栗田と申します。弊社は12月決算で、電子申告義務化は令和３年12月期からとなります。３月決算法人さんと比較すると、日程的に余裕があることから、検討が周回遅れの状況かもしれませんが、本日は、どうぞよろしくお願いいたします。

2 電子申告義務化への対応状況・疑問点等

① 電子証明書の取扱い

▶ 捺印等を用いる社内規程を策定

【長谷川】 まずは、電子申告を利用するのに必要となる電子証明書について、うかがいます。この電子証明書には、「商業登記に基づく電子認証制度の電子証明書（商業登記電子証明書）」と「マイナンバーカード（個人番号カード）」などがありますが、何を使用していますか。また、電子証明書の管理・使用に当たって、社内規程などは準備されていますか。

【中井】 弊社では、商業登記電子証明書を使っています。社内管理部署がUSB媒体の形で商業登記電子証明書を保管・管理しており、社内規程で使用時の手続等を決めています。

具体的には、まず経理部の担当者が経理部長の承認と捺印を得た後、社内管理部署にその経理部長の捺印が入った用紙を持っていきます。社内管理部署の担当者がその用紙を確認した後に、私が所属する経理部の税務室に商業登記電子証明書が入ったUSBが回ってきて、電子申告の手続きを取る、という流れになっています。

【長谷川】 従来、代表者の印鑑を使用する時と同じように、商業登記電子証明書を使う際も担当部署での決裁・確認をする仕組みになっているわけですね。

【森田】 弊社も商業登記電子証明書を使用しています。USBに格納し、私がいる経理部の金庫で保管しています。その金庫は特定の人しか開けられないので、簡単には使えないようになっています。

社内規程は過去に作成したものを継続して使っています。弊社でも、他部署が商業登記電子証明書を使うときは、その他部署の責任者の捺印がされた申請書を経理部に出してもらい、経理部長の承認によって初めて使えることにしています。

【税理士：長谷川先生】

【栗田】　弊社も商業登記電子証明書を取得しており、先ほどのお二人の例と同様に、代表者の印鑑を使用する時と同じような運用・管理をしております。社内規程に準じて決裁が下りましたら、電子証明書が格納されたUSBを用いて、電子申告等を行っています。

【長谷川】　皆さん、商業登記電子証明書を使っていることと、その使用に至るまでの手続きが紙と捺印で行われている点は同じですね。

ところで、商業登記電子証明書の有効期間中に株主総会で代表者が変更された場合、法人税等の申告期限までに新たな電子証明書の発行が間に合わないというケースも聞きますが、いかがでしょうか。

【中井】　基本的には、代表者の変更は社内管理部署が事前に把握しておりますので、前倒しで新たな証明書を準備していると理解しております。

②　電子申告未対応の帳票

▶ 同じグループでも対応状況が異なる会社も

【長谷川】　電子申告の対応の現状について、お聞かせください。

【栗田】　グループで40社ほどありますが、単体納税を行っていることもあり、電子申告の対応状況等も若干のばらつきがあります。一部の会社では、法人税、消費税、地方税を電子申告で行っていますが、親会社であるアサヒグループホールディングス等の規模が大きい会社では、紙ベースの申告が継続している状況です。

弊社では、グループ全体の経理や税務におけるシェアード部門の役割を担っています。

【長谷川】　規模が大きい会社が電子申告に未対応の原因はなんでしょうか。

【栗田】　別表16(1)「旧定額法又は定額法による減価償却資産の償却額の計算に関する明細書」等のデータの転記、外国子会社合算税制に関する別表の対応や添付書類等のe-Taxでの対応が難しいためです。

【森田】 弊社ではグループで連結納税を採用しています。電子申告を採用しているのは、法人税の申告書と消費税の申告書、地方税の申告書、あとは印紙税と酒税です。ただ、グループの子会社の一部では、まだ紙ベースで申告書を提出している会社もあります。

また、地方税においては以前、電子申告をしようとした際に、当時、その自治体のシステムでは対応していない書類があることに気付き、申告書提出日の当日急いでその書類をPDFにして添付、送信したこともありました。いざ送信しようとした際のデータトラブル等も考えられますので、時間に余裕を持って電子申告をした方が良いと思いました。

【長谷川】 電子申告義務化後は、原則全ての別表や添付書類を電子的に提出することが必要です。自社で使用している税務ソフトで未対応の別表があったとしても、e-Taxで当該別表を作成し、電子申告することになります（参考１）。

> **参考１：e-Taxウェブサイト「電子申告の義務化についてよくある質問」**
> **【対象書類関係】４．の答**
>
> 電子申告の義務化の対象法人は、申告書だけではなく、法人税法等において添付すべきこととされている書類も含め、e-Taxにより提出する必要があります。
>
> したがって、貴社が使用している税務申告ソフトで対応していない別表がある場合(注)、こうした別表については国税庁が提供しているe-Taxソフトを利用するなどして提出していただく必要があります。
>
> （注）　法人税等の申告に当たって、別表や添付書類のうち、e-Taxにより提出できない別表等については、イメージデータ（PDF形式）による提出も認めることとしています。

③　添付書類の電子化対応

▶ 添付書類をどう電子化するか

【中井】 基本的に、法人税、消費税、地方税で電子申告を行っておりますが、地方税の事業所税については、事務効率の観点から紙ベースの対応が現状です。外国子会社合算税制に係る外国関係会社の数も非常に多いので、その添付書類も膨大な量になります。電子申告義務化後では、こうした分量が多い添付書類などはPDFにして送信することと考えていますが、各種検討を行っている段階です。

弊社では、法人税は令和３年３月期申告から電子申告義務化が適用されますので、今期、令和２年３月期申告において、まずは親会社で電子申告対応を一部行う予定です。まずは添付書類のPDF化を試してみようと考えています。

【長谷川】 別表８(1)「受取配当等の益金不算入に関する明細書」なども、膨大な量になると思いますが、現在はどのように提出されていますか。

【中井】 明細部分は別途、紙で提出しています。

【長谷川】 電子申告義務化後は、別表や添付書類は原則、紙での提出は認められませんが、一部の別表や添付書類はPDF形式の提出が認められます。添付書類については、例えばPDF形式では一度に送信できる容量が８MB（100枚程度）、計10回までの追加送信の合計で最大88MBまでしか送信できませんが、送信可能な容量におさまらない場合は、光ディスクに格納して送付することができます（参考２）。

一方、財務諸表などは、その分量の多さなどから、現在は紙で提出されていると思いますが、これも今後は、紙提出はもちろんのこと、PDF形式での送信も認められていません。現行のデータ形式であるXBRL形式で送信するか、あるいは国税庁が指定する「勘定科目コード」、「標準フォーム」を使うCSV形式で送信することになります。また、先ほどの別表８(1)など、記載量が多くなるものについても原則として現行のデータ形式であるXML形式による送信となりますが、その明細部分のみをCSV形式で送信することもできます。

参考２：e-Taxウェブサイト「利便性向上施策等一覧（施策別）」⑧添付書類の提出方法の拡充（光ディスク等による提出）<光ディスク等により提出が可能なデータ形式等>

※１　別表等の明細記載部分（CSV形式）

※２　財務諸表・勘定科目内訳書（CSV形式）

※３　第三者作成書類等（イメージデータ（PDF形式）

（注）法人税等の申告書別表のうち、e-Taxによる提出ができないものについては、イメージデータ（PDF形式）での提出も可能。

▶ CSV形式での送信は国税庁指定フォーマットへの変換が鍵

【中井】 財務諸表、勘定科目内訳明細書等については、現在は紙で提出しています。今後は、市販のソフトを利用して、自社のExcelベースの財務諸表を国税庁の勘定科目コードや標準フォームに基づくCSV形式へと変換した上で、送信することを考えています。

【森田】 弊社も現状はExcelベースで財務諸表を作成し、紙で提出しています。グループ子会社も同様です。弊社独自のフォーマットに基づくExcelデータの財務諸表ですが、市販のソフトを利用して、国税庁指定のCSV形式データの財務諸表を作成することを想定しています。

【伊藤忠商事：中井氏】

グループ子会社によって、財務諸表の勘定科目等のフォーマットがバラバラなので、今回の令和２年２月期の申告において、まずはグループ各社でフォーマットを合わせるところから始めたいと思っています。

【栗田】 弊社も現状は、紙ベースで財務諸表を提出しています。会計上の勘定科目体系はグループ各社で統一していますので、後は市販のソフトで国税庁指定の勘定科目等への変換が容易にできれば、財務諸表のCSV形式での送信も比較的容易なのではと考えています。

【長谷川】 各社ある程度、決算書等のフォーマットを統一していくことが必要になりそうですね。

役割分担としては、フォーマットを指定した上で、子会社の決算書はその子会社自身に作成してもらうか、それとも親会社が子会社の決算書を代わりに作成しようと思っていますか。

【中井】 現在、子会社にそれぞれ自身の決算書を作成していただき、連結納税として申告する際に、その子会社に作成していただいた財務諸表を親会社経由で税務署に提出しています。

電子申告義務化の対応としては、各子会社には、個社の決算書について国税庁指定の勘定科目コードや標準フォームに合わせた形の申告書用の決算書を作成していただく予定です。恐らく、個社で当該コードやフォームに対してマッピングを行っていただくことになろうかと考えております。勘定科目体系がグループ各社で統一されていれば非常にやりやすいのですが、弊社グループではその辺りの整備ができていないので、そこは個社対応ということになろうかと思います。

【森田】 国税庁指定のフォーマットに基づく決算書を各子会社に作成してもらおうかと思っています。ただ、弊社では、シェアードサービスを今年から採用していまして、グループで統一の会計システムを導入し、勘定科目名やコードなどの体系をグループ各社で統一しようとしています。将来的には、グループの会計システムから自動で吸い上げた決算書が国税庁指定のフォーマットにつながる仕組みを検討しています。

【栗田】 弊社では会計上の勘定科目体系についてはグループで統一していますが、申告の際には、会社法ベースの決算書を財務諸表として添付しているケースもあるため、電子申告では国税庁指定のフォームへの変換作業が必要になります。

【長谷川】 現在は、決算を担うチームが作成した会計に基づく決算書について、税務部門はその決算書を税務申告でそのまま添付している状況ということですね。税務部門が会計のことにあまりタッチしていないケースはあるでしょう。

【中井】 弊社の場合、経理部の中に会計を担当する部署と税務を担当する部署があります。今のお話ですと、会計を担当する部署との協力、調整が必要になると感じましたが、四半期決算の際の税金計算は税務室が担当しており、申告時も単体決算データを使用するため、日頃から会計担当部署との情報交換・連携は行っております。

国税庁指定のフォームも、弊社の単体決算として作成している財務諸表の内容と大きな相違点はないと思いますので、大幅な加工は不要かと考えておりますが、今後詳細に対応を検討する予定です。

【長谷川】 今後、テストしないといけませんね。国税庁指定の勘定科目コードはEDINETの勘定科目をベースに約6,400科目あるので、各社の勘定科目に対応するものは見つかるとは思います。どうしても見当たらなければ、科目を独自に追加して送信することもできます。財務諸表のCSV化は、初年度においてはやや作業が大変になるかもしれないという感じはします。

【森田】 弊社では、私の所属する決算課で単体決算から連結決算、税務申告まで同じメンバーで行っているので、特に会計部門と税務部門とのギャップによる問題は生じないです。

▶ 勘定科目内訳明細書の記載の程度は

【長谷川】 財務諸表だけでなく、勘定科目内訳明細書もCSV形式での送信が認められますが、これも国税庁指定の標準フォームに沿った形で作成することになります。例えば、半角片仮名が使えないなどのルールがありますので、各社が現在作成している勘定科目内訳明細書のひな型をそのまま使うことは難しいでしょう。

【栗田】 現状、勘定科目内訳明細書の提出自体はしていますが、金額が大きい上位数十件を記載し、後の細かいものは“その他”としてまとめて記載している状況です。

【森田】 現状は財務諸表と同じくExcelベースで、勘定科目内訳明細書を作成しています。弊社でも、件数が多い科目については金額が上位のものだけを記載し、その他でまとめて記載しています。子会社の中には手書きで勘定科目内訳明細書を作成している会社もあるので、決算書と同じように勘定科目内訳明細書のフォーマットもグループ全体で統一させようと考えています。

【中井】 弊社も皆さまと同様に、現状は紙で提出しています。

【長谷川】 勘定科目内訳明細書の「売掛金（未収入金の内訳書)」などには、金額だけでなく、その相手方の住所を記載する欄などもありますが、できる限り記載して提出するとよいでしょう。

今回、電子申告義務化に伴い、勘定科目内訳明細書の記載方法の簡素化（参考3）が図られましたが、それを踏まえても記載で難しいところはありますか。

【中井】 勘定科目内訳明細書は会計システム（基幹システム）からダウンロード等により作成することが事務手間の効率性の観点から良いとは思いますが、勘定科目内訳明細書で求められている項目で会計システムにデータが無い項目については、手作業で当該項目を他のシステム等から抽出等を行う必要があります。この作業が非常に事務手間を要することになります。会計システムは各社様それぞれのため、一概には申し上げられませんが、例えば、「受取手形の内訳書」に関しては割引銀行名等、「固定資産の内訳書」であれば用途や面積等の情報が該当します。これ以外にもまだまだ会計システムに存在しない項目があり、この辺りの対応が悩ましいところです。

【栗田】「役員給与等の内訳書」に記載する役員給与など、人事系データに基づくものは、人事からデータを取得する必要があり、その全てが会計データと連動していない状況です。

【長谷川】 他部門などとの連携がないと記載が難しい項目もあるのですね。これまでと同様に、各社できる限り項目を埋めて記載し提出することになるのでしょう。

参考３：e-Taxウェブサイト「電子申告の義務化についてよくある質問」
【利便性向上施策関係】３．の答

勘定科目内訳明細書については、①記載省略基準の柔軟化（件数基準の創設）、②記載単位の柔軟化などの見直しを行いました（この取扱いは電子申告が義務化されていない中小法人等が行う書面申告等の場合も同様です。）。

その具体的内容は以下のとおりです。

記載すべき件数が、100件を超える場合に、１又は２の記載方法によることも可能とします。

１．記載省略基準の柔軟化

売掛金（未収入金）や買掛金（未払金、未払費用）など、記載量が多くなる傾向にある勘定科目を対象に、上位100件のみを記載する方法

２．記載単位の柔軟化

記載単位を（取引等の）相手先としている勘定科目を対象に、支店、事業所別の合計金額を記載する方法

上記見直しのほか、次の事項についても記載内容の簡素化を図りました。

・貸付金及び受取利息の内訳書の「貸付理由」欄及び借入金及び支払利子の内訳書の「借入理由」欄等の削除。
・仮払金（前渡金）の内訳書、仮受金（前受金・預り金）の内訳書の「取引の内容」欄を「摘要」欄に変更し、自由記載欄化。
・雑益、雑損失等の内訳書における固定資産売却損益の記載を不要とする（固定資産（土地、土地の上に存する権利及び建物に限る。）の内訳書との重複記載の排除）。

▶ PDF提出できる添付書類の範囲

【長谷川】　今回、添付書類も含めた電子申告が義務となっており、添付書類への対応が課題の一つに挙げられますが、この点はいかがでしょうか。

【中井】　先ほど申し上げたように、弊社では外国子会社合算税制に係る外国関係会社が非常に多いため、添付書類である外国関係会社の財務諸表などが、かなりの枚数になります。これまでは、印刷して紙で提出していましたが、今後はPDF形式での提出を考えております。その際、外国関係会社の財務諸表のPDF形式での保存については、ファイル名の管理等含め工夫が必要と感じており、事務作業が生じるものと思っています。

【長谷川】　会社間の合併契約書のような組織再編絡みの書類なども、PDF形式での送信ができると思います。送信しきれない容量だった場合、光ディスクに格納して提出すればいいですね。

【森田】 組織再編成の際の契約書など、別途税務署から求められるような添付書類については、現状、紙ベースで税務署に提出しています。また、弊社では、あらかじめ説明が要りそうな事項については、別途補足資料（契約書、説明用資料など）も税務署に提出しています。こうした任意に提出する書類は、PDF形式で送信できるのか疑問があります。

【長谷川】 法的に税務署への提出義務が課されていないのであれば、そもそも提出する必要はありませんが、提出をするのであればPDF形式でもいいと思います。

【栗田】 弊社も外国子会社合算税制関係の別表や添付書類が増えてきていますので、その対応が必要となります。容量的にPDFで送信しきれるのかどうか、早めにシミュレーションする必要があると考えています。

④　グループ子会社の管理・対応

▶ グループ子会社の勘定科目の統一が肝要か

【長谷川】 皆さんのようにグループ全体の会社数が多いと、子会社の管理が大変だと思います。先ほども話題に上がりましたが、勘定科目がグループ各社で違う際にどう統一を図るのか。例えば、組織再編成等でグループへの会社の出入りが多いといった場合、その都度対応することも大変かと思いますが、いかがでしょうか。

【中井】 勘定科目については、連結決算として集計する際に必要な部分に関してはグループ内で統一しております。一方、連結納税申告の観点では、各社における勘定科目は統一されておりません。

【森田】 連結決算、連結納税を採用しているため、子会社間で勘定科目が大きく違うことはないです。さらに先ほど申し上げたとおり、国内の子会社で使う会計システムを統一しようとしていますので、システム導入後は勘定科目をグループ子会社で仕訳レベルから完全に一致させようと思っています。

会社を買収し新たにグループに会社が加入する場合は、その都度事前に先方の担当者とすり合わせをして、基本的にはグループで採用する勘定科目に合わせてもらっています。

【アサヒプロマネジメント：栗田氏】

【栗田】 先ほど申し上げた通り、グループでの会計上の勘定科目体系は統一済みであるものの、単体申告なので、グループで税務処理が統一できていない部分があります。グループの税務ガバナンスのレベル向上のため、連結納税の導入も視野に検討を進めています。

【長谷川】　連結納税の場合は、グループ子会社全てが同じ税務ソフトを使っているでしょうが、単体申告では、子会社により使用する税務ソフトが違うこともあります。子会社の税務申告に親会社がどこまでタッチしているのでしょうか。

【栗田】　税務ソフトとしては、グループで同一の市販のパッケージソフトを使っています。シェアード会社で、年度末決算の税金費用について、連結決算の目線でチェックを行い、申告書についても一定のチェックをしています。

▶ 子会社分は各社でCSVデータ化も

【長谷川】　連結納税を採用している場合、子会社の決算書や勘定科目内訳明細書を親会社がまとめて法人税の申告書に添付して提出していますよね。子会社が100社あれば100社の決算書と勘定科目内訳明細書のデータを親会社の方でチェックするのは大変ではないのでしょうか。

【中井】　連結納税における申告書チェック体制ですが、基本的には連結子法人の申告書等は、親会社でチェックしています。各社の勘定科目内訳明細書の科目を１つひとつ確認することまではしないですが、財務諸表と申告書の整合性、加算・減算項目の整合性といった、所得に影響がありそうな項目を中心にチェックしています。あとは会計の税金計算と別表への税金勘定の反映といったところも、独自に作成したチェックシートを使って確認しています。

また、例えば役員給与の損金不算入の規定による加算処理の漏れなどは、各社の勘定科目内訳明細書や財務諸表と照らしてチェックしています。

【森田】　弊社では現状、子会社の財務諸表や勘定科目内訳明細書と申告書との整合性が取れているかのチェックは親会社でしていますが、税理士法人からグループ子会社の包括的なレビューも受けています。今後も親会社と税理士法人によるレビュー体制は変わらないと思っています。また、各子会社の財務諸表や勘定科目内訳明細書の前段階の統一フォーマットへの入力は子会社自身で行い、CSVデータ化は各子会社から受け取った統一フォーマットをベースに親会社で行うことを想定しています。

【栗田】　弊社では現状、単体申告ではありますが、グループ全社の決算時の税金費用や申告書の内容についてチェックしています。ただ、勘定科目内訳明細書の内容については、今後も各子会社での対応になろうかと思います。

⑤　研修体制等

▶ 電子申告義務化適用前にトライアルを実施

【長谷川】 電子申告義務化に向け、グループ全体での研修を行うと思いますが、今後の予定を教えてください。

【中井】 弊社ではグループ会社向けに法人税・消費税・印紙税等々の税務講習会を随時行っています。法人税では、外国子会社合算税制関係・投資やトレードに関連する税務論点については、実務的な観点を踏まえた講習会を開催しております。

電子申告義務化への対応についても、連結納税グループ全体に対しての講習会を夏から秋にかけて予定しております。弊社は３月決算ですので、令和３年３月期から電子申告義務化が適用されますが、１年前倒しで、令和２年３月期に添付書類を含めて一部電子申告を実施する予定です。その際に生じた論点や気づき等々について、子会社の方々にお話ができればと考えております。

【森田】 弊社は２月決算ですので、令和４年２月期に電子申告義務化が適用されますが、同様のスケジュール感で、１年前倒しで添付書類を含めた電子申告のトライアルを実施したいところです。

既に、電子申告を採用していない子会社に対し説明会を実施しており、電子申告の簡単な概要と電子証明書を取得するまでの流れを説明しました。システム操作等の細かい話というよりは、まずは電子証明書を取得して電子申告の導入をするように説得しました。そのあとは、個別に子会社の担当者をフォローしている状況です。

今後はまず、グループ全体の勘定科目等の統一フォーマットの導入を優先して実施することで、添付書類のデータ変換を事前に試していきたいと思っております。

【栗田】 弊社でも、定期的にグループの税務担当者に対して研修を行っており、税制改正のポイント等について説明しています。その中で電子申告義務化への対応も含めて研修していきます。まずは、国税庁指定の勘定科目への変換フォーマットを作成し、それに基づく対応方法の説明会を実施した後に、個別に各社のフォローをしていくことになろうかと思います。

【長谷川】 電子申告義務化の本番に備えて、だいたい今年の夏ごろからは、添付書類のデータ変換を含めた電子申告の準備を進める方向ということですね。

3 その他の論点

▶ シェアードサービス・グループ通算制度移行後の疑問

【森田】 電子申告義務化とは少しテーマがずれるかもしれませんが、税理士法の観点から、シェアードサービス部門における税務業務の取扱いについて教えてほしいです。

親会社のシェアードサービス部門で、グループ子会社の申告書の作成や送信までどのように関わることができるのでしょうか。例えば、申告書のドラフトを親会社で作成し、それを子会社の責任者が確認をして、税務署に提出してもらうことも税理士法に抵触するのですか。また、子会社の電子証明書を親会社で一括して管理することも難しいのでしょうか。

【オンワードホールディングス：森田氏】

【長谷川】 シェアード会社に属しているが、同時にご自身が担当されている子会社の経理部門の人としても“兼務”している、といったことを聞いたことがありますが、これは微妙な問題ですね。子会社から親会社への報酬の有無や種類の問題かとも思いますが、税理士法上は、税務書類の作成報酬は税理士又は税理士法人しか受け取れないとことされています。

また、電子申告でいえば、申告データの代理送信のみを税理士に依頼するのではなく、基本的には税務申告書の作成の委嘱を受けた税理士でないと、代理送信もできないということになっています。

【栗田】 ところで、令和２年度改正により連結納税制度がグループ通算制度に移行した後も、グループ子会社の財務諸表や勘定科目内訳明細書は親会社がまとめて提出するのでしょうか。それとも、グループ通算制度では、個社ごとにそれぞれ財務諸表等を提出するのでしょうか。

【長谷川】 基本的には各社単体で申告書等を提出することにはなっています。ただ、グループ通算制度になっても、親会社が子会社の申告を代理で行うことができるようになっています。子会社の申告を親会社が代理で行ってもいいということは、その範囲には、決算書や勘定科目内訳明細書も含まれるのかなと理解しています。

既に連結納税を導入しており、親会社が子会社の分を含め一括して申告している現状が変わらないように手当されたものと思います。

【中井】 グループ通算制度に移行した後は、基本的に単年度でのグループ内の所得通算のみで、翌事業年度以降に他社に修正や更正が生じても、各社それぞれで対応するものと理解しているので、個社ごとに申告等をするイメージを持っております。

【長谷川】 親会社が子会社の申告等を行うことになると、子会社で修正申告が生じた場合、それもまた親会社で対応して修正するのかという話にもなり得ます。やはり基本的には、各子会社で対応することになるのでしょうかね。

▶ 地方税の窓口の一本化は

【森田】 地方税で修正申告したことで減額更正が生じ、各自治体から還付を受けることがありますよね。その場合、それぞれの自治体から還付通知書が届き、しかもそれが５年分の還付になった時などは膨大な量となります。実務的には還付金の管理が大変なので、窓口が一本化されるとありがたいなと思っています。

【長谷川】 去年の10月から「地方税共通納税システム」ができて、納付窓口は一本化されましたが、還付金を受ける際の窓口も統一されれば助かるという話ですね。

納付については、例えば、全国200市町村に特別徴収として従業員の地方税を支払う際に、eLTAXなら申告・納付データを１回だけ送れば、その200か所に振り分け納付してくれます。将来的には分かりませんが、当面は還付窓口の一本化はなかなか難しいのではないかと思います。

4 本日の感想

【栗田】 弊社では、電子申告義務化への対応には、まだ時間的に余裕があるという感覚の一方で、漠然とした不安がありましたが、今回皆様のお話を聞いて、光が差したというか、背中を押していただいた感じがします。これから、具体的に検討を進めて参りたいと考えております。本日はありがとうございました。

【森田】 皆さんの意見を聞けて貴重な体験になりました。他社様も私が感じていたような悩みをお持ちなのだなとも思いました。電子申告がしやすい体制が整いつつあるとは思っていますが、今後さらに、納税者の利便性が高まっていくと、電子申告がもっと広まるのかなと感じております。グループ全体のガバナンス強化や業務効率化を目指す中で電子申告義務化を良いきっかけととらえて、前向きに取り組んでいきたいと思います。本日はありがとうございました。

【中井】 皆さんといろいろと意見交換させていただき、特に勘定科目内訳明細書に関連する事務対応等は同様の悩みを持たれているのだなと思いました。

電子申告に関しては今後要対応の部分が多く、漠然とした不安感がありますが、市販のソフトを活用しつつ対応していきたいと考えております。また何かの機会に情報交換等をさせていただければ幸いです。どうもありがとうございました。

【長谷川】　われわれ税理士は10数年前にこの電子申告の波を１回経験しているので、当たり前のようにやってはいます。“義務”化という名前からも納税者に負担を強いるイメージもあろうかと思いますが、グループ全体の作業を効率化することなども一緒に考えていけば、むしろプラスの面も多分にあります。２年目以降はすごく便利になると考えておりますので、ぜひ前向きに電子申告に取り組んでいただければと思います。

また、グループ会社の中には自社で申告書等データを送信できないところも出てくるかと思います。そのときは、税理士の活用を考えていただけるとわれわれの業界としてもありがたいので、読者の皆さまにも一考していただけると幸いです。

本日は誠にありがとうございました。

巻末資料

巻末資料目次

1.「行政手続部会取りまとめ　～行政手続コストの削減に向けて～」

規制改革推進会議　行政手続部会　平成29年３月29日

資料１

(H29. 3. 29)

行政手続部会取りまとめ
～行政手続コストの削減に向けて～

平成 29 年３月 29 日
規制改革推進会議
行政手続部会

Ⅰ　取組の経緯

Ⅱ　行政手続コストの削減方策

Ⅰ　取組の経緯

1．規制改革、行政手続の簡素化、IT 化の一体的推進の必要性と「日本再興戦略 2016」

（1）規制改革、行政手続の簡素化、IT 化の一体的推進の必要性

世界に先駆けて本格的な人口減少社会に突入した我が国が、持続的な成長を図るためには、生産性の向上により、経済の供給制約を克服することが不可欠である。

政府が掲げる「GDP600 兆円経済」を実現するためには、我が国のビジネス環境改善の観点から、事業者が経済活動を行う際に直面する行政手続コストを削減し、事業者の生産性の向上を図ることが必要である。

（2）「日本再興戦略 2016」

こうした背景の下、「日本再興戦略 2016」（平成 28 年 6 月 2 日閣議決定）において、以下の取組を行うこととされた。

「日本再興戦略 2016」（平成 28 年６月２日閣議決定）（抜粋）

Ⅰ部

2．生産性革命を実現する規制・制度改革

（1）新たな規制・制度改革メカニズムの導入

②事業者目線で規制改革、行政手続の簡素化、IT 化を一体的に進める新たな規制・制度改革手法の導入

・まずは、外国企業の日本への投資活動に関係する規制・行政手続の抜本的な簡素化について１年以内に結論を得る。

【１年以内を目途に結論（早期に結論が得られたものについては、先行的な取組として年内に具体策を決定し、速やかに着手)】

・外国企業の日本への投資活動に関係する分野以外についても、先行的な取組が開始できるものについては、年内に具体策を決定し、速やかに着手する。

【先行的な取組として年内に具体策を決定し、速やかに着手】

こうした先行的な取組と上記取組の実施状況等を踏まえつつ、諸外国の取組手法に係る調査等を行い、規制・手続コスト削減に係る手法や目標設定の在り方を検討した上で、本年度中を目途に、本格的に規制改革、行政手続の簡素化、IT 化を一体的に進めるべき重点分野の幅広い選定と規制・行政手続コスト削減目標の決定を行い、計画的な取組を推進する。

【本年度中を目途に、重点分野と削減目標を決定】

Ⅱ部

Ⅱ　生産性革命を実現する規制・制度改革

1．新たな規制・制度改革メカニズムの導入

ii）事業者目線で規制改革、行政手続の簡素化、IT 化を進める新たな規制・制度改革手法の導入

・我が国を「世界で一番企業が活動しやすい国」とすることを目指し、「GDP600 兆円経済」の実現に向けた事業者の生産性向上を徹底的に後押しするため、規制改革、行政手続の簡素化、IT 化を一体的に進める新たな規制・制度改革手法を導入することとし、事業者目線で規制・行政手続コストの削減への取組を、目標を定めて計画的に実施する。このため、まずは、外国企業の日本への投資活動に関係する規制・行政手続の抜本的な簡素化について 1 年以内を目途に結論を得る（早期に結論が得られるものについては、先行的な取組として年内に具体策を決定し、速やかに着手する）。また、外国企業の日本への投資活動に関係する分野以外についても、先行的な取組が開始できるものについては、年内に具体策を決定し、速やかに着手する。こうした先行的な取組と外国企業の日本への投資活動に関係する取組の実施状況等を踏まえつつ、諸外国の取組手法に係る調査等を行い、規制・手続コスト削減に係る手法や目標設定の在り方を検討した上で、本年度中を目途に、本格的に規制改革、行政手続の簡素化、IT 化を一体的に進めるべき重点分野の幅広い選定と規制・行政手続コスト削減目標の決定を行い、計画的な取組を推進する。

2．先行的取組

（1）二つの先行的取組の概要

「日本再興戦略 2016」のうち、「外国企業の日本への投資活動に関係する規制・行政手続の抜本的な簡素化について 1 年以内を目途に結論を得る」については対日直接投資推進会議において、「外国企業の日本への投資活動に関係する分野以外についても、先行的な取組が開始できるものについては、年内に具体策を決定し、速やかに着手する」については未来投資会議において、先行的取組として検討が行われてきた。

（2）対日直接投資推進会議（規制・行政手続見直しワーキング・グループ）における検討

外国企業の日本への投資活動に関係する分野については、対日直接投資推進会議の規制・行政手続見直しワーキング・グループにおいて検討されている。平成 28 年 8 月から開催され 3 回にわたって議論された結果、同年 12 月 22 日の第 4 回ワーキング・グループにおいて、法人設立・登記関係、在留資格関係、行政手続のワンストップ化、外国での情報発信、輸入関係等の項目について、「緊急報告」が取りまとめられた。平成 29 年春を目途に最終的な取りまとめを行うこととしている。

（３）未来投資会議（構造改革徹底推進会合）における検討

外国企業の日本への投資活動に関する分野以外については、未来投資会議の構造改革徹底推進会合において検討が行われ、平成28年12月12日に、「スマート保安」、「世界最先端の化学物質開発力の実現」、「i-Construction－建設現場の生産性革命」、「ベンチャー支援プラットフォーム」の4分野が先行的取組として選定され、平成29年1月27日の未来投資会議において報告された。

３．行政手続部会における検討

（１）行政手続部会の設置

行政手続部会は、第1回規制改革推進会議（平成28年9月12日開催）において、内閣総理大臣から「経済社会の構造改革を進める上で必要な規制の在り方の改革（情報通信技術の活用その他による手続の簡素化による規制の在り方の改革を含む。）に関する基本的事項について」諮問が行われたことを受け、規制改革、行政手続の簡素化、IT化を一体的に進めるため、規制改革推進会議令（平成28年政令第303号）に基づき設置された。

（２）行政手続部会における検討経緯（その１）

行政手続部会では、第1回（平成28年9月20日開催）から第7回（平成28年12月20日開催）においては、先行的取組の検討状況に係るヒアリングを行いつつ、我が国における既存の取組等や「規制・行政手続コスト」の考え方を整理するなど、幅広く議論してきた。その中で、特に、「日本再興戦略2016」を踏まえ、諸外国における行政手続コスト削減の取組をレビューし、各国の取組から我が国への示唆を得るとともに、行政手続について負担と感じている点などの事業者ニーズを事業者目線で把握することについて、重点的に検討を行った。

（３）諸外国の取組の概要

「日本再興戦略2016」においては、諸外国の取組手法に係る調査等を行った上で、重点分野の選定や削減目標の決定を行うこととされている。このため、行政手続部会では、欧州への出張調査や関係省庁の協力に基づく委託調査等も活用しながら、諸外国における規制・行政手続コスト削減の取組について調査を実施した。

調査結果によれば、欧米諸国では、まず、2000年代に「行政手続コスト（Administrative Costs）」や「書類作成負担（Paperwork Burden）」の削減を相当程度行った。一旦削減が行われた後の2010年代には、削減した既存の行政手続コストをこれ以上増やさないという基準（「One-in/One-out」）等を設定する取組を開始する国がみられるなど取組が多様化している。

①2000年代における欧米諸国の取組

2000年代、多くの国（英国、デンマーク、ドイツ、フランス、カナダ）では、政府全体で「行政手続コスト」に対する一定の削減率（25%等）を目標に定め、その実現に向けて「標準的費用モデル（SCM：Standard Cost Model）」を用いて行政手続コスト（規制等を遵守するために事業者において発生する事業者の事務作業負担）を数値化し、一定の期間をかけて、その削減に取り組んだ。「標準的費用モデル（SCM）」とは、行政手続コストを算出するために、事業者に情報提供義務が課された行政手続を洗い出し、事業者に対するヒアリングやアンケート等を通じて、当該手続に要するコストを金銭換算する手法である。各国では、まず一定の削減率を目標として決定し、その後に、政府全体の行政手続コストの測定と、各省における具体的な削減計画の策定が、並行して進められた。SCM は、「社内費用（人件費×所要時間）＋社外費用（人件費×所要時間）＋諸経費（郵便代等）」という単純な計算で行政手続コストを数値化できる長所を有する一方で、コスト計測に膨大な日数と費用がかかる短所を有すると言われている[1]。

一方、米国では、規制に基づく情報提供義務を遵守するための事業者等の負担は、「書類作成負担（Paperwork Burden）」と呼ばれ、「回答者１人当たりの情報提供時間×回答者数×年間の回答頻度」という単純な計算で、「金銭」ではなく「時間」で把握し、その削減に取り組んできた。

<table>
<tr><th></th><th>削減対象</th><th>標準的費用モデル(SCM)使用</th><th>期間</th><th colspan="2">目標</th><th colspan="2">達成状況</th></tr>
<tr><td>英国</td><td>行政手続コスト
(「金銭」で把握)</td><td>○</td><td>2005 年～2010 年</td><td colspan="2">25%削減
※各省一律。ただし歳入庁は 10%、内閣府は 35%、国家統計局は 19%。</td><td colspan="2">26.6%削減
(35 億ポンド(約 4,550 億円))</td></tr>
<tr><td>デンマーク</td><td>行政手続コスト
(「金銭」で把握)</td><td>○</td><td>2001 年～2010 年</td><td colspan="2">25%削減</td><td colspan="2">24.6%削減</td></tr>
<tr><td>ドイツ</td><td>行政手続コスト
(「金銭」で把握)</td><td>○</td><td>2006 年～2011 年</td><td colspan="2">25%削減</td><td colspan="2">22.5%削減
(110 億ユーロ(約 1 兆 2,600 億円))
※2012 年に 25%削減達成</td></tr>
<tr><td>フランス</td><td>行政手続コスト
(「金銭」で把握)</td><td>○</td><td>2007 年～2011 年</td><td colspan="2">25%削減</td><td colspan="2">(不明)</td></tr>
<tr><td>カナダ</td><td>中小企業向け行政手続・情報提供義務の「数」</td><td>－</td><td>2007 年～2008 年</td><td colspan="2">20%削減</td><td colspan="2">達成せず
※2009 年に目標達成</td></tr>
<tr><td rowspan="13">米国</td><td rowspan="13">書類作成負担
(基本的に「時間」で把握)</td><td rowspan="13">－</td><td rowspan="13">1981～2001 年度
(断続的に目標設定)
(注)2002 年度以降は目標設定せず</td><td>1981 年</td><td rowspan="2">15%削減</td><td>4.0%削減</td><td rowspan="13">1981 年～1982 年のみ達成</td></tr>
<tr><td>1982 年</td><td>12.8%削減</td></tr>
<tr><td>1983 年</td><td>10%削減</td><td>8.4%削減</td></tr>
<tr><td>1986 年</td><td>5%削減</td><td>3.11%削減</td></tr>
<tr><td>1987 年</td><td>5%削減</td><td>1.73%削減</td></tr>
<tr><td>1988 年</td><td>5%削減</td><td>3.51%削減</td></tr>
<tr><td>1989 年</td><td>5%削減</td><td>0.75%削減</td></tr>
<tr><td>1996 年</td><td>10%削減</td><td>0.77%削減</td></tr>
<tr><td>1997 年</td><td>10%削減</td><td>1.83%削減</td></tr>
<tr><td>1998 年</td><td>5%削減</td><td>0.96%増加</td></tr>
<tr><td>1999 年</td><td>5%削減</td><td>2.6%増加</td></tr>
<tr><td>2000 年</td><td>5%削減</td><td>2.5%増加</td></tr>
<tr><td>2001 年</td><td>5%削減</td><td>1.1%増加</td></tr>
</table>

（注１）各国政府報告書、OECD 報告書より作成。
（注２）この他 SCM を使用した国はオーストリア、ベルギー、ノルウェー等があるが、入手できる公表情報が限られているため、本表からは割愛する。

[1] 例えば、コスト計測にあたって、英国では、民間のコンサルタント会社に委託して 1,700 万ポンド（約 22 億円）、約 12 か月の期間を要したほか、デンマークでは約 20 か月、ドイツでは約 27 か月の期間を要した。

②2010 年代の欧米諸国の取組

2010 年代に入ると、欧米諸国での取組は多様化した。

英国やデンマークでは、2000 年代の取組によって、政府全体の行政手続コストを既に把握できているため、2010 年代では目標を「削減率」から「絶対額」に変更し、その削減に取り組んだ[2]。

ドイツ、カナダ、英国、米国[3]では、2000 年代に既存の行政手続コスト（ストック）の削減に注力する取組を行った後の方策として、一旦削減した既存の行政手続コストをこれ以上増やさないための基準（「One-in/One-out」）等を設定する取組も見られた。

フランスでは、削減目標は設定せずに、事業者への電話ヒアリングに基づく行政手続に対する事業者の改善ニーズを踏まえて重点分野を選定し、その内容に応じ、会社設立・事業拡大など事業者のライフイベント毎に組織された官民の 10 の分野別ワーキンググループ(WG)を設置して、具体的な個別措置を検討している。

		2001	2002	2003	2004	2005	2006	2007	2008	2009	2010	2011	2012	2013	2014	2015	2016	2017	2018	2019	2020
英国	（ストック）					行政手続コスト25%削減										規制コスト100億ポンド削減（Cutting Red Tape Review）					
	（ベースライン測定）																				
	（フロー）				SCMベースライン測定（12か月）						One-In/One-out ⇒ One-in/Two-out					規制コスト100億ポンド削減（One-in/Three-out）					
デンマーク	（ストック）	行政手続コスト25%削減														30億DKK削減					
	（ベースライン測定）							SCMベースライン測定（20か月）													
ドイツ	（ストック）						行政手続コスト25%削減														
	（ベースライン測定）																				
	（フロー）						SCMベースライン測定（27か月）									One-in/One-out					
フランス	（ストック）							行政手続コスト25%削減					（※）達成状況は対外的に不明								
														簡素化（定量目標なし）							
カナダ	（ストック）							情報提供義務数・手続数20%削減													
	（ベースライン測定）																				
	（フロー）				情報提供義務数・手続数の測定（6か月）								One-for-One								
米国	（ストック）	書類作成負担を軽減																			
	（フロー）																	One-in/Two-out			

（注）既存のコストの削減に注力（ストック対応）
現状維持等に注力（フロー対応）
SCM ベースライン測定

（※）米国では、1980 年制定の書類作成負担軽減法（Paperwork Reduction Act）に基づき、1980 年代から 2001 年度まで、断続的に目標を設定して書類作成負担（Paperwork Burden）の削減に努めてきた。（2002 年度以降は数値目標を設定していない。）

---

[2] 例えば、2005 年～2010 年に政府全体の行政手続コスト削減率 25%を目標に定めた英国では、2010 年～2015 年の取組では数値目標は設定しなかったが、100 億ポンド（1 兆 3,235 億円）の規制コスト削減を達成した。その実績を踏まえ、2015 年～2020 年にかけて、前の 5 年間の実績と同じく規制コストを 100 億ポンド削減する目標を設定している。

このほかデンマークでは、行政手続コストに間接的な金銭コスト（例えば、環境要件を遵守するためのフィルター装置の投資費用等）を加えた遵守コストを、2015 年～2020 年の期間で、政府全体で 30 億デンマーク・クローネ（457 億円）削減する目標を設定している。

[3] 米国では、2017 年 1 月 30 日に、連邦政府の行政機関が新規制を導入する場合に少なくとも既存の 2 規制を廃止し（「One-in/Two-out」）、併せて増加したコストを相殺しなければならないとする大統領令を発出。

（4）事業者ニーズを踏まえた対応の必要性

「日本再興戦略 2016」において、「事業者目線」で「行政手続の簡素化」等を進めるとされており、コスト削減についての事業者のニーズを把握していくことが重要であることから、団体等からのヒアリング[4]、事業者に対するアンケート調査[5]、内閣府ホームページを活用した意見募集[6]を行った。

事業者に対するアンケート調査により、事業者の負担感が上位の手続及び負担感の内容についての量的な傾向を把握した。また、団体等からのヒアリング、内閣府ホームページを活用した意見募集により、具体的にどのような手続に課題があるか事例としての情報を収集した。

これらの事業者ニーズの整理と分析の結果、事業の開始、継続・拡大、終了・承継時の各段階において、営業の許可・認可や補助金といった各省庁に共通する手続と社会保険や税といった個別分野の手続の双方について、事業者の負担感が確認され、その内容については、「提出書類の作成の負担が大きい」、「手続のオンライン化がなされていない」、「同じ手続について組織・部署毎に申請様式等が異なる」、「同様の書類を複数の組織・部署・窓口に提出しなければならない」など、様々な類型がみられることが確認された。

このため、「日本再興戦略 2016」における「重点分野の幅広い選定」、「削減目標の決定」、「計画的な取組の推進」に当たっては、このような事業者ニーズを踏まえて、対応を行う必要がある。

（5）行政手続部会における検討経緯（その2）

以上の調査審議を踏まえ、第8回（平成29年1月19日開催）において、事業者の負担感が高い分野を重点分野とし、政府全体としての数値目標（事業者の作業コストの削減）を設定し、各省が削減計画を策定することとしてはどうか、との論点をまとめた「『重点分野』、『削減目標』、『計画的な取組の推進』についての考え方（たたき台）」を示した。

さらに、第9回（平成29年1月30日開催）及び第10回（平成29年2月2日開催）において、「たたき台」に対する意見及び重点分野の候補に挙げられた個別分野の事情について、関係省庁（総務省、法務省、財務省、厚生労働省、経済産業省、国土交通省）からのヒアリングを実施した。

その後、第11回（平成29年3月6日開催）以降、関係省庁からのヒアリング結果も踏まえ、取りまとめに向けての議論を重ね、本取りまとめに至った。

---

[4] 第3回から第5回の3回にわたって、以下の13団体等からヒアリングを実施し、187事項について意見が寄せられた。日本行政書士会連合会、日本税理士会連合会、全国社会保険労務士会連合会、日本司法書士会連合会、日本経済団体連合会、経済同友会、日本商工会議所、全国商工会連合会、全国中小企業団体中央会、新経済連盟、日本貿易振興機構、ビズシード株式会社、株式会社あきない総合研究所（ヒアリング順）。

[5] 平成28年11月に、日本商工会議所、日本経済団体連合会、経済同友会と内閣府との共同で実施した。対象は、各団体の会員企業で、約800社からの回答があった。

[6] 平成28年11月16日～12月15日の1か月間、内閣府のホームページにおいて募集し、計105件の意見が寄せられた。

Ⅱ　行政手続コストの削減方策

1．事業者ニーズを踏まえた行政手続コスト削減の考え方

（1）削減の必要性

【検討の経緯・考え方】

○事業者が行政手続に対して感じている負担感を、具体的に解決していくことが必要であるため、事業者ニーズの把握のための、以下の取組を実施した。

①団体等からのヒアリング

第3～5回部会において、経済団体、士業団体、政府関係機関、有識者の合計13団体等から意見を聴取

②事業者に対するアンケート調査の実施

11月に日本商工会議所、日本経済団体連合会、経済同友会と共同で、各団体の会員企業に対してアンケートを実施。約800社から回答。

③内閣府ホームページを活用した意見募集

内閣府ホームページにおいて、11月～12月に、行政手続簡素化に関する意見を募集

○事業者に対するアンケート調査では、「提出書類の作成の負担が大きい」「申請様式の記載方法、記載内容が分かりにくい」という、事業者の書類作成の負担に係る項目が最上位となった。

【取組の内容】

「日本再興戦略2016」（平成28年6月2日閣議決定）に沿って、幅広く重点分野を選定し、各省庁が計画的に削減に取り組む。また、重点分野以外についても、本取組の趣旨を踏まえ、各省庁が自主的な取組を進める。

（2）行政手続簡素化の３原則

【検討の経緯・考え方】

○事業者に対するアンケート調査では、書類作成の負担に次いで、以下のような項目が負担感の上位となった。

①「手続のオンライン化が全部又は一部されていない；オンライン化されているが使いにくい」
②「同様の書類を、複数の組織・部署・窓口に提出しなければならない」
③「同じ手続について、組織・部署毎に申請様式等が異なる」

【取組の内容】

政府全体で取り組むべき以下の3原則（行政手続簡素化の3原則）に沿って、取組を進める。

（原則1）　行政手続の電子化の徹底　（デジタルファースト原則）

・電子化が必要である手続については、添付書類も含め、電子化の徹底を図る。

（原則2）　同じ情報は一度だけの原則　（ワンスオンリー原則）

・事業者が提出した情報について、同じ内容の情報を再び求めない。

（原則3）　書式・様式の統一

・同じ目的又は同じ内容の申請・届出等について、可能な限り同じ様式で提出できるようにする。

（注1）　地方公共団体の行政手続については、地方公共団体の理解と協力を得つつ、取組を進める。

（注2）　原則2については、同一省庁・同一地方公共団体内の取組は当然のこととして、政府部内、地方公共団体間を通じ、また、国と地方をまたがって、幅広く取組の対象とし得る。

（３）行政手続コスト削減に際し取り組むべき事項

【検討の経緯・考え方】

○事業者に対するアンケート調査では、上記以外にも、以下のような点が挙げられている。

① 処理期間の短縮

・手続に要する期間（処理期間）が長い

② 手続の透明化

・審査・判断基準が分かりにくい

・同じ手続について、組織・部署・担当者毎により審査・判断基準が異なる

・申請受理後の行政内部の進捗状況が分からない

・要求根拠が不明の資料の提出を求められる

・手続に要する期間（処理期間）が事前に示されない

【取組の内容】

各省庁は、行政手続コストの削減に当たり、手続に応じて上記の負担感の減少に向けた取組を行う。

２．重点分野

（１）取組の対象とする「機関」

【検討の経緯・考え方】

○事業者に対するアンケート調査等によれば、コスト削減、簡素化を望む手続は、国の行政機関、独立行政法人等、地方公共団体が幅広く所管している。

【取組の内容】

以下の機関が所管する手続等を、取組の対象とする。

①国の行政機関

②独立行政法人等（独立行政法人、特殊法人、認可法人、指定法人）

③地方公共団体

（注1）　地方公共団体の取組の実施に当たっては、地方公共団体の理解・協力が必要。

（注2）　立法府、司法府が所管する手続等は、取組の対象外となる。

（２）取組の対象とする「手続等」

【検討の経緯・考え方】

○事業者に対するアンケート調査によれば、事業者ニーズは営業の許可・認可に係る申請のような典型的な手続から、調査・統計に対する回答等、様々な手続等に対して、事業者のコストが発生しており、簡素化のニーズが存在する。

【取組の内容】

以下の手続等を、取組の対象とする。

①申請、届出（不服申立てを除く）

②調査・統計に対する協力

③事業者を経由して行う通知

④手数料及び税の納付

⑤書類の作成、保存、表示義務

⑥本人確認義務

（注）以下の手続等については、取組の対象外となる。

①苦情の申出、請願等

②情報提供に対する協力（調査・統計に対する協力を除く）

③処分通知等（事業者を経由して行う通知を除く）、縦覧等、作成等

④不作為義務

（３）取組の対象とする「分野の区分」

【検討の経緯・考え方】

○本取組を進める上では、個別の手続を括った「分野」について検討を行う必要があるが、個別手続の括り方については、色々な区分がありうる。

今般実施した事業者に対するアンケート調査は、経済団体と協議の上、負担感の選択肢とする分野名を設定した。

【取組の内容】

「分野の区分」は、以下①～㉘とする。なお、「分野」はその性格により、「各省庁に共通する手続分野」と「個別の手続分野」に分けることができる。

〔各省庁に共通する手続分野〕

①営業の許可・認可に係る手続
②行政への入札・契約に関する手続
③調査・統計に対する協力
④補助金の手続
⑤その他事業活動に必要な事項の許可・認可に係る手続

〔個別の手続分野〕

⑥産業保安に関する手続
⑦施設の安全（消防等）に関する手続
⑧化学品等の安全管理に関する手続
⑨生活用品、食品等の安全・表示に関する手続
⑩個別品目の輸出・輸入の許可等に関する手続
⑪港湾における手続
⑫税関に対する手続
⑬道路、河川等の利用に関する手続
⑭国税
⑮地方税
⑯社会保険に関する手続
⑰従業員の納税に係る事務
⑱従業員からの請求に基づく各種証明書類の発行
⑲従業員の労務管理に関する手続
⑳土地利用に関する手続
㉑環境保全に関する手続
㉒建物に関する手続
㉓生活環境に関する手続
㉔知的財産権の出願・審査に関する手続
㉕商業登記等
㉖不動産登記
㉗株式や事業用資産の承継に関する手続（事業承継時）
㉘その他

（４）「重点分野」の位置付け

【検討の経緯・考え方】

〇行政手続コストの削減にあたり、重点分野については、削減目標を設定した上で、計画的な取組を推進する必要がある。他方で、重点分野以外についても、事業者のニーズを踏まえた一定の取組を行う必要があると考えられる。

(注)「日本再興戦略 2016」(平成 28 年 6 月 2 日閣議決定)

規制・手続コスト削減に係る手法や目標設定の在り方を検討した上で、本年度中を目途に、本格的に規制改革、行政手続の簡素化、IT 化を一体的に進めるべき重点分野の幅広い選定と規制・行政手続コスト削減目標の決定を行い、計画的な取組を推進する。

【取組の内容】

「重点分野」については、以下のような取組を進める。 ・各省庁は、「行政手続簡素化の 3 原則」及び「行政手続コスト削減に際し取り組むべき事項」を踏まえ、削減目標達成のための計画を策定し、行政手続コストの削減に向けた取組を進める。 ・行政手続部会は、各省庁の取組について、フォローアップを行う。 「重点分野以外」については、以下のような取組を進める。 ・各省庁は、「行政手続簡素化の 3 原則」及び「行政手続コスト削減に際し取り組むべき事項」を踏まえ、行政手続コストの削減に向けた取組を進める。 ・行政手続部会は、各省庁の取組について、必要に応じて、工程表の提示を求めるなどフォローアップを行う。

（５）重点分野の選定

【検討の経緯・考え方】

〇日本再興戦略 2016 では、本取組において、「重点分野の幅広い選定」を行うこととされている。

〇その際、事業者に対するアンケート調査の結果を適切に反映し、実効性ある分野選定を行う必要がある。

【取組の内容】

重点分野は以下の9分野とする。

①営業の許可・認可に係る手続	（各省庁に共通する手続）
②社会保険に関する手続	（個別分野の手続）
③国税	（個別分野の手続）
④地方税	（個別分野の手続）
⑤補助金の手続	（各省庁に共通する手続）
⑥調査・統計に対する協力	（各省庁に共通する手続）
⑦従業員の労務管理に関する手続	（個別分野の手続）
⑧商業登記等	（個別分野の手続）
⑨従業員からの請求に基づく各種証明書類の発行	（個別分野の手続）

なお、「従業員の納税に係る事務」については、規制改革推進会議（投資等ワーキンググループ）において、社会全体の行政手続コストの削減に向けた検討を別途行う。また、「行政への入札・契約に関する手続」については、行政手続部会において、別途検討を行う。

（注）　事業者に対するアンケート調査において、上記①～⑨を「負担」とした回答を合計すると、全体の約7割（69%）を占める。

３．削減目標

（１）削減対象とする「コスト」

【検討の経緯・考え方】

○事業者に係る規制コストは、国内外の事例を踏まえると、以下のような整理が可能となる。

〔標準的費用モデルにおける「事業者に係る規制コスト」〕

遵守コスト（Compliance Costs）		
	行政手続コスト （Administrative Costs）	規制等を遵守するために企業において発生する事務作業等の費用
	間接的な金銭コスト （Indirect Financial Costs）	規制等を遵守するために企業において発生する設備投資等の費用 ※環境要件を遵守するためのフィルター装置等
直接的な金銭コスト （Direct Financial Costs）		企業が行政機関へ支払う手数料、税等
長期構造コスト （Long Term Structural Costs）		長期構造的に発生する費用

○上記のコストのうち、諸外国の先進的なコスト削減の取組の対象は、主として「行政手続コスト」となっている。

○また、「事業者ニーズ把握」の取組でも、企業が負担に感じている事項の多くは、書類の作成負担等、「行政手続コスト」に係るものであった。

【取組の内容】

> 削減対象とするコストは、「行政手続コスト」とする。

（2）「行政手続コスト」の計測（「何を」「どのように」計測するのか）

【検討の経緯・考え方】

○行政手続コストの削減対象としては、以下のものが考えられる。

①金銭コスト

標準的費用モデル（SCM）では、次の基本式で推計。

社内費用（人件費×作業時間）＋社外費用（人件費×作業時間）

2000年代の欧州における取組で主流の方式。

コストの推計・算出に長い期間と多額の費用が必要。

②時間（作業時間）

事業者の書類作成負担（Paperwork Burden）を企業内部で手続に要する時間として把握。

米国で採用されている方式。

③事業者の負担感

今回と同様の事業者に対するアンケート調査を数年後に再度実施し、各々の手続について「負担」と回答する者の割合を低下させることを目指す方式。

○その際、以下の点に留意する必要がある。

① 定量的目標を設定する場合、取組の実効性を上げるためには、一定の計算に基づく「行政手続コスト」の算出が必要である。

「金銭コスト」は計算に労力が必要であるとともに、人件費単価（金額）により、算出コストが大きく増減する。

② コスト計算に多大な労力、費用、時間をかけることは適切ではなく、簡易な推計方法を検討すべき。

【取組の内容】

削減対象は、「時間（事業者の作業時間）」とする。

計測については、以下のように行う。

① 各分野の主要な手続について、所管省庁が企業内部でどの程度の時間を要しているかを把握・計測し、公表する。その際、大規模なヒアリングやアンケート調査の実施までは求めない。また、計測時に一定の仮定を置くことも許容する。

② 取組の起算点（開始時）は、平成29年度とし、その上で、コストの計測を年度中の計測に最も適切な時期に行う。初回に手続コストを計測したのと同時期に、翌年度以降も手続コストの計測を行い、削減の取組の進捗を管理する。

（３）取組期間

【検討の経緯・考え方】

○諸外国の事例を見ると、取組期間を５年としている国が多く見られた。

○我が国においては、行政手続コストの早期の削減を求める声が多い。

○他方、大規模な情報システムや法改正、地方公共団体の理解と協力を得た取組のためには、ある程度の期間が必要となることも多い。

【取組の内容】

取組期間は、３年とする（平成31年度まで）。ただし、事項によっては５年まで許容する（平成33年度まで）。

（注）　取組期間が３年を超える場合には、その必要性について各省庁が十分な説明を行う。

（４）削減目標

【検討の経緯・考え方】

○行政手続コストの削減対象として、時間（作業時間）を計測することとした場合、削減目標としては「削減率」が考えられる。

【取組の内容】

削減目標は、削減率20%とする。

（注１）　「国税」については、次の事情を踏まえ、削減目標とは別途の数値目標等を定める。

１．「国税」については、以下の点に留意する必要がある。

① 我が国では、多くの諸外国と異なり、税務訴訟における立証責任が、通常、課税当局側にあるとされていること。

② 消費税軽減税率制度・インボイス制度の実施、国際的租税回避への対応等に伴い、今後、事業者の事務負担の大幅な増加が不可避であること。

２．諸外国の税分野における行政手続コスト削減の要因は明確ではないが、少なくとも電子申告の利用率の大幅な向上が寄与していると考えられることに鑑み、次の数値目標を設定する。

① 電子申告の義務化が実現されることを前提として、大法人の法人税・消費税の申告について、電子申告（e-tax）の利用率100%。

② 中小法人の法人税・消費税の申告について、電子申告（e-tax）の利用率85%以上。なお、将来的に電子申告の義務化が実現されることを前提として、電子申告（e-tax）の利用率100%。

3．手続の電子化、簡素化等により、事業者の負担感減少に向けた取組を進める。
① 電子納税の一層の推進
② e-tax の使い勝手の大幅改善（利用満足度に係るアンケートを実施し、取り組む）
③ 地方税との情報連携の徹底（法人設立届出書等の電子的提出の一元化、電子申告における共通入力事務の重複排除等）

（注 2）　「地方税」については、「国税」と類似の事情を踏まえ、削減目標とは別途の数値目標等を定める。取組に当たっては、地方公共団体の理解・協力を得ながら進める。

1．国税の数値目標も踏まえ、次の数値目標を設定する。
① 電子申告の義務化が実現されることを前提として、大法人の法人住民税・法人事業税の申告について、電子申告（eLTAX）の利用率 100%。
② 中小法人の法人住民税・法人事業税の申告について、電子申告（eLTAX）の利用率 70%以上。なお、将来的に電子申告の義務化が実現されることを前提として、電子申告（eLTAX）の利用率 100%。

2．手続の電子化、簡素化等により、事業者の負担感減少に向けた取組を進める。
① 電子納税の推進
② eLTAX の使い勝手の大幅改善（利用満足度に係るアンケートを実施し、取り組む）
③ 国税との情報連携の徹底（法人設立届出書等の電子的提出の一元化、電子申告における共通入力事務の重複排除等）

（注 3）　「調査・統計に対する協力」については、①統計法に基づく統計調査、②統計調査以外の調査（事業者に対するヒアリング調査など）がある。

①統計法に基づく統計調査については、以下の点を踏まえ、既存の統計調査を削減目標の対象とする。

・統計法に基づく統計調査は、「統計改革の基本方針」（平成 28 年 12 月 21 日経済財政諮問会議）により、生産面を中心に見直した GDP 統計への整備、GDP 統計の精度向上等経済統計の改善が予定されており、新たに整備・改善されるものについては、事業者の負担増が想定されるものの、現時点ではその内容は固まっていない。
　このため、新たに整備・改善される統計調査については、今般の数値目標と計画作成の対象外とするが、その実施に当たっては、行政手続コストの削減の趣旨も踏まえ、事業者の負担の軽減に努めるものとする。

・また、統計改革においては、統計行政部門の構造的課題への対応として、報告者の負担軽減が課題の一つとなっており、既存の統計調査については、その検討状況も踏まえ、行政手続コストの削減に取り組むものとする。

②統計調査以外の調査については、行政手続部会において、別途検討を行う。

４．戦略的な取組の推進（重点分野／重点分野以外）

（１）重点分野

【取組の内容】

重点分野については、以下のように計画的取組を進める。

① 各省庁は、行政手続コストの削減に向けて、「行政手続簡素化の 3 原則」及び「行政手続コスト削減に際し取り組むべき事項」を踏まえ、取組を進める。その際、可能な事項は速やかに着手する。
② 各省庁は、基本計画を、平成 29 年 6 月末までに策定する。
③ 平成 29 年 7 月以降、行政手続部会は、各省庁の基本計画について、その取組内容や目標設定を含め幅広く点検し、必要な改善を求める。
④ 各省庁は、行政手続部会の見解及び基本計画策定後の取組状況を踏まえ、平成 30 年 3 月までに、基本計画を改定する。
⑤ 行政手続部会は、各省庁の取組について、フォローアップを行う。

（２）重点分野以外

【取組の内容】

重点分野以外については、以下のように取組を進める。

① 各省庁は、「行政手続簡素化の 3 原則」及び「行政手続コスト削減に際し取り組むべき事項」を踏まえ、行政手続コストの削減に向けた取組を進める。
② 行政手続部会は、各省庁の取組について、必要に応じて、工程表の提示を求めるなどフォローアップを行う。

Ⅲ　おわりに

今般の取りまとめにおいては、重点分野、重点分野以外に分けて取組の方針を示した。各省庁におかれては、積極的かつ着実に規制改革、行政手続の簡素化、IT 化の一体的推進に取り組んでいただきたい。

行政手続部会としても、「Ⅱ 4. 戦略的な取組の推進」に述べたようにフォローアップを行うとともに、残された課題も含めて検討を続けていく。

規制改革、行政手続の簡素化、IT 化の推進は、行政における不断の課題である。今般の取組のみならず、その取組期間後も含め、持続的に取り組む必要があることは当然である。また、今後、新たな規制を検討する際には、その規制が真に必要なものか、その規制目的に比して規制の手段が事業者の過大な負担とならないか、その遵守のための手続が簡素なものとなっているか、IT 化が適切に行われているか、などあらゆる観点から、事業者目線を踏まえた十分な検討が行われる必要がある。

また、規制改革、行政手続の簡素化、IT 化の推進は、事業者負担の軽減に資するのみならず、行政機関の事務の効率化にもつながるものである。

今般の取組については、国の行政機関において積極的に対応する必要があることは当然であるが、事業者ニーズの把握により明らかとなったように、地方公共団体の積極的な取組が重要と考えられる。地方公共団体におかれては、本取組の趣旨をご理解いただき、国の関係機関と一体となって、行政手続コストの削減に協力いただきたい。

今般の取りまとめに盛り込まれた取組の着実かつスピーディな実施が、事業者の生産性向上を通じ、我が国の力強い経済成長に資することを強く願うものである。

参考１

行政手続に感じている負担感
（事業者に対するアンケート調査）

手続に感じている負担感		計	開始時	継続・拡大時	終了・承継時
1	提出書類の作成の負担が大きい（社内の事務作業（書類収集作業含む）や社外専門家への支払等）	3707	584	2751	372
2	申請様式の記載方法、記載内容が分かりにくい	2205	410	1600	261
3	同じ手続について、組織・部署毎に申請様式等が異なる（例えば、自治体毎、地方部局毎等）	1212	123	982	107
4	手続のオンライン化が全部又は一部されていない（添付書類は紙、CD 等で別途提出が必要等）	1197	166	931	100
5	手続に要する期間（処理期間）が長い	1110	187	838	85
6	同様の書類を、複数の組織・部署・窓口に提出しなければならない	967	202	670	95
7	審査・判断基準が分かりにくい	967	106	818	43
8	同じ手続について、組織・部署・担当者毎により審査・判断基準が異なる	864	98	692	74
9	申請受理後の行政内部の進捗状況が分からない	825	92	658	75
10	手続のオンライン化はされているが使いにくい（紙で提出した方が手続が早く完了する等）	680	67	543	70
11	要求根拠が不明の資料の提出を求められる	526	60	427	39
12	手続に要する期間（処理期間）が事前に示されない	450	57	355	38
13	申請を受理してもらえない	118	15	95	8

（注１）　全ての手続に対する負担感の回答数を合計した値。

（注２）　「計」は、「事業開始時」「事業継続・拡大時」「事業終了・承継時」の、全ての段階の全手続における「負担」という回答を合計した値。

参考２

本取組の対象分野
（事業者に対するアンケート調査により整理）

1．重点分野

分野			合計		
			回答数	回答割合（%）	累積%（%）
1	営業の許可・認可に係る手続	各省庁に共通する手続	574	11.2	11.2
2	社会保険に関する手続	個別分野の手続	535	10.4	21.7
3	国税	個別分野の手続	473	9.2	30.9
4	地方税	個別分野の手続	461	9.0	39.9
5	補助金の手続	各省庁に共通する手続	398	7.8	47.7
6	調査・統計に対する協力	各省庁に共通する手続	349	6.8	54.5
7	従業員の労務管理に関する手続	個別分野の手続	287	5.6	60.1
8	商業登記等	個別分野の手続	285	5.6	65.7
9	従業員からの請求に基づく各種証明書類の発行	個別分野の手続	188	3.7	69.3

2．重点分野以外の分野

10	従業員の納税に係る事務	個別分野の手続	322	6.3	75.6
11	行政への入札・契約に関する手続	各省庁に共通する手続	145	2.8	78.4
12	施設の安全（消防等）に関する手続	個別分野の手続	129	2.5	81.0
13	建物に関する手続	個別分野の手続	113	2.2	83.2
14	個別品目の輸出・輸入の許可等に関する手続	個別分野の手続	87	1.7	84.9
15	知的財産権の出願・審査に関する手続	個別分野の手続	87	1.7	86.6
16	土地利用に関する手続	個別分野の手続	82	1.6	88.2
17	不動産登記	個別分野の手続	76	1.5	89.7
18	道路、河川等の利用に関する手続	個別分野の手続	70	1.4	91.0
19	環境保全に関する手続	個別分野の手続	67	1.3	92.3
20	税関に対する手続	個別分野の手続	66	1.3	93.6
21	化学品等の安全管理に関する手続	個別分野の手続	60	1.2	94.8
22	株式や事業用資産の承継に関する手続（事業承継時）	個別分野の手続	46	0.9	95.7
23	産業保安に関する手続	個別分野の手続	44	0.9	96.5
24	港湾における手続	個別分野の手続	29	0.6	97.1
25	生活用品、食品等の安全・表示に関する手続	個別分野の手続	28	0.5	97.7
26	その他事業に必要な事項の許可・認可に係る手続	各省庁に共通する手続	22	0.4	98.1
27	生活環境に関する手続	個別分野の手続	21	0.4	98.5
28	その他	その他	77	1.5	100.0

2.「行政手続コスト」削減のための基本計画

財務省　平成29年6月30日

「行政手続コスト」削減のための基本計画

省庁名	財　務　省
重点分野名	国　税

1　手続の概要及び電子化の状況

①　手続の概要

国税に関する手続については、所得税法、法人税法、消費税法等の各税法において規定され、当該規定に基づき、納税義務者等は、申告、納付、申請・届出等の各行為を行う必要がある。

②　電子化の状況

所得税、法人税、消費税等の申告や申請・届出等の各種手続については、国税電子申告・納税システム（e-Tax）により、インターネット等を利用してオンラインで行うことが可能である。

オンライン利用が可能な申告や申請・届出等の手続は、「行政手続等における情報通信の技術の利用に関する法律」（オンライン化法）に基づき公表することとされており、平成27年度の実績では434手続（40.3%）(注) となっている。

（注）平成23年度におけるオンライン対象手続は930手続（87.1%）であったが、「新たなオンライン利用に関する計画」（23年8月3日ＩＴ戦略本部決定）に基づき、手続の発生頻度等の費用対効果を踏まえ、オンライン対象手続の範囲の大幅な見直しを行っている。

また、納付手続についても、ダイレクト納付（事前に税務署に届出をすることで、e-Taxによる申告書等の提出後、指定した預貯金口座からの振替により電子納税を行う仕組み）やインターネットバンキング等を通じたオンライン納付を行うことが可能である。

なお、主な税目における申告や申請・届出等の手続のオンライン利用率（27年度実績）は次のとおりとなっている。

手続名		オンライン利用率
所得税申告		52.1%
法人税申告		75.4% (※)
消費税申告	個　人	58.8%
	法　人	73.4%
申請・届出等		46.4%
納付		7.0%

（出所）
・申告手続：財務省改善取組計画（26年9月18日策定、28年11月30日改定）
（※）なお、国税局調査部所管法人（原則、資本金が1億円以上の法人）について、法人税申告のオンライン利用率は52.1%。
・申請・届出等：オンライン化法10条1項に基づく公表数値により算出。
・納付：国税庁調べ（「電子納付件数／（窓口納付件数＋電子納付件数）」により算出）

2　削減方策（コスト削減の取組内容及びスケジュール）

(1)　電子申告の義務化が実現されることを前提として、大法人の法人税・消費税の申告について、電子申告（e-Tax）の利用率100%

大法人の法人税・消費税の電子申告の義務化については、平成29年度に検討を開始し、早期に結論を得る。その際、大法人の対象範囲について法人税法上の区分を踏まえて検討するとともに、デジタルファースト原則の下で原則として添付書類も含めて電子申告を義務化する方向で検討する。

(2)　中小法人の法人税・消費税の申告について、電子申告（e-Tax）の利用率85%以上。なお、将来的に電子申告の義務化が実現されることを前提として、電子申告（e-Tax）の利用率100%

中小法人の法人税・消費税のe-Taxの利用率85%以上という目標達成に向けて、下記のe-Taxの使い勝手改善等の取組を進めるとともに、税理士や未利用者への個別の利用勧奨や関係団体等を通じた利用勧奨、リーフレット等による広報・周知等、e-Taxの普及に向けた取組を一層進める。

また、中小法人の法人税・消費税のe-Taxの利用率の推移等を踏まえ、中小法人のICT環境も勘案しつつ、電子申告の義務化も含めた更なる利用率向上のための方策を検討する。

(3)　電子納税の一層の推進

イ　e-Taxの申告情報（納付税額等）の自動引継機能の整備【29年6月実施】

インターネットバンキング等を通じたオンライン納付について、ダイレクト納付と同様に、e-Taxによる申告情報をシステム上で自動的に引き継ぐ機能を実装し、納付手続の簡便化を図る。

ロ　ダイレクト納付を利用できる預貯金口座の複数登録【30年1月実施予定】

ダイレクト納付において、複数の金融機関の預貯金口座の登録を可能とする。

ハ　ダイレクト納付を利用した予納制度の拡充【制度改正を含め検討】

ダイレクト納付を利用することで、予納を定期に均等額で行うことや任意のタイミングで行うことを可能とするよう検討する。

(4) e-Taxの使い勝手の大幅改善（利用満足度に係るアンケートを実施し、取り組む）

e-Tax利用者に対してHP等を通じてe-Taxの操作性等の利用満足度に係るアンケートを実施し、以下の新規施策を含め、e-Taxの使い勝手の検証・改善に取り組む。

イ　マイナポータルの利活用の推進

（イ）　マイナポータルからe-Taxへのシームレスな認証連携【29年1月実施】

マイナンバーカードを用いてマイナポータルにログインすることにより、e-Tax用のID・PWを入力することなくe-Taxへのログインを可能とする。

（ロ）　マイナポータルの「お知らせ」機能の活用【31年1月以降順次実施に向けて検討】

e-Taxのメッセージボックスに格納している情報（予定納税額や振替納税利用金融機関名等の申告に関する情報）や各種説明会の開催案内等の情報をマイナポータルの「お知らせ」機能を活用して、他の行政機関の情報と併せて一元的な閲覧を可能とする。

ロ　認証手続等の簡便化

（イ）　マイナポータルからe-Taxへのシームレスな認証連携【29年1月実施】（再掲）

（ロ）　個人納税者のe-Tax利用の認証手続の簡便化【31年1月実施予定】

個人納税者がマイナンバーカードに搭載された電子証明書を用いてe-Taxを利用する場合において、ID・PWの入力を省略する。また、マイナンバーカード及びICカードリーダライタの未取得者を念頭に、厳格な本人確認に基づき税務署長が通知したID・PWのみによるe-Taxの利用を可能とする。

（ハ）　法人納税者のe-Taxメッセージボックスの閲覧方法の改善
【30年度実施に向けて検討】

法人納税者がe-Taxを利用する際、経理担当者が申告書等を作成・送信し、給与担当者が従業員の源泉徴収票を作成・送信するなど、部署単位で手続を行っている場合において、現状、メッセージボックスがどの部署でも閲覧可能な状態を改め、部署単位で情報を管理できるようメッセージボックスの閲覧方法の改善を行う。

（ニ）　法人納税者のe-Tax利用の電子署名の簡便化【制度改正を含め検討】

法人納税者がe-Taxを利用して申告手続を行う際の電子署名の簡便化策について検討する。

ハ　申告書等の送信手続の利便性向上

（イ）　申告書等の送信容量の拡大【30 年度実施に向けて検討】

e-Tax により申告書等（申告書、勘定科目内訳明細書、第三者作成の添付書類等）を送信する場合において、利用実態やシステムのパフォーマンスやディスク容量等の影響も考慮の上、１送信当たりのデータ容量（現状、申告書：１送信当たり 10MB、添付書類のイメージデータ：１送信当たり 1.5MB の制限）を拡大する。

（ロ）　e-Tax ソフトにおける財務諸表の勘定科目設定機能の実装
【30 年度実施に向けて検討】

e-Tax ソフトにより財務諸表データを作成する場合に、企業の簡易な操作（国税庁指定の約 1,600 の勘定科目に関連付け）により、企業が利用している勘定科目名の設定を可能とする。

（参考）民間ソフトベンダーに対しても、同様の対応が可能となるよう働きかけを行う。

ニ　e-Tax 利用による手続簡素化（地方税との情報連携施策は後掲）
【31 年度実施に向けて検討】

法人番号の入力により法人名称等の情報を自動反映する機能を e-Tax に実装するなど、e-Tax を利用して申告・申請・届出等の手続を行う場合における事業者の負担感軽減のための施策を検討する。

ホ　e-Tax 受付時間の更なる拡大【30 年度実施に向けて検討】

e-Tax の受付時間について、確定申告期間の土日も含む 24 時間受付及び５月、８月、11 月の最終土日の受付（8：30 から 24：00）など順次拡大を図っているところ、その後の利用状況や利用者ニーズ等を踏まえ、更なる拡大を図る。

⑸　地方税との情報連携の徹底（法人設立届出書等の電子的提出の一元化、電子申告における共通入力事務の重複排除等）

イ　電子的提出の一元化等

（イ）　地方団体で作成した所得税確定申告書データの引継ぎの推進
【地方団体の理解・協力が前提】

地方税当局の申告相談会場において、申告書作成システムを利用して電子的に作成された所得税及び復興特別所得税申告書等について、e-Tax へのデータによる引継ぎを推進する。　－ワンスオンリー原則－

（注）29 年１月以降、地方税当局による本人確認を前提として、納税者の電子署名及び電子証

明書を不要とするとともに、自宅等からのe-Taxと同様、第三者作成の添付書類について、その記載内容を入力することで、当該書類の提出又は提示を省略可能としている。

（ロ）　給与・公的年金等の源泉徴収票及び支払報告書の電子的提出の一元化の推進

29年1月以降、国税当局と地方税当局それぞれに提出している給与・公的年金等の源泉徴収票及び支払報告書について、eLTAXでのデータの一括作成及び提出（電子的提出の一元化）を可能としたところ、この取組を推進する。

－ワンスオンリー原則－

（ハ）　法人納税者の開廃業・異動等に係る申請・届出手続の電子的提出の一元化

【31年度実施に向けて検討】

法人納税者が設立又は納税地異動等の際に国税当局と地方税当局それぞれに提出している各種届出書等について、データの一括作成及び電子的提出の一元化を可能とする。

（参考）個人納税者の上記同様の手続について、地方税当局のデータ様式の統一化等の検討状況を踏まえ、データの一括作成及び電子的提出の一元化を可能とするよう検討する。　－ワンスオンリー原則－

（ニ）　法人税及び地方法人二税の電子申告における共通入力事務の重複排除

【総務省と連携して31年度実施に向けて検討】

法人住民税・法人事業税（地方法人二税）の電子申告手続時の複数自治体への申告に共通する事項の重複入力の排除の検討・実現に併せ、総務省と連携して、民間ソフトベンダーへの仕様公開方法の改善や法人税申告情報のインポート機能の実装等を通じて、法人税及び地方法人二税の電子申告における共通入力事務の重複排除に向けて取り組む。　－ワンスオンリー原則－

ロ　国と地方の情報連携等

（イ）　e-TaxとeLTAXの仕様の共通化の推進【29年度以降順次実施】

e-TaxとeLTAX双方の利便性を向上させるため、民間ソフトベンダーの開発環境を改善する観点から、民間ソフトベンダー各社のニーズ等を踏まえつつ、各仕様の内容及び公開方法の共通化を実施する。

（ロ）　e-TaxソフトとeLTAXソフト（PCdesk）との連携の推進

【31年度実施に向けて検討】

上記イ（電子的提出の一元化等）に掲げる開廃業・異動等に係る申請・届出手続など、利用者ニーズの高い手続について、e-TaxとeLTAX双方のソフト間の連携等を図る。　－ワンスオンリー原則－

⑹　その他

行政手続部会取りまとめにおいて明記されている施策ではないが、事業者の負担感の軽減に資するものとして以下の施策にも取り組む。

イ　異動届出書等の提出先の一元化【29年４月実施】

異動前後の所轄税務署に提出が必要とされている異動届出書等について、異動元の所轄税務署へ提出先を一元化（異動後の所轄税務署への提出を省略）を実施した。

－ワンスオンリー原則－

ロ　登記事項証明書（商業）の添付省略【29年４月一部実施】

「登記・法人設立等関係手続の簡素化・迅速化に向けたアクションプラン」（平成28年10月31日CIO連絡会議決定）に基づき、29年４月以降、法人納税者の開廃業に係る手続において必要とされる「登記事項証明書（商業）」の添付省略を実施した。

また、開廃業時以外の手続についても、このアクションプランに沿って、法務省が平成32年度に構築することとなっている、行政機関に対する登記情報を提供する仕組を活用することにより、「登記事項証明書（商業）」の添付省略の実施に向けて、関係省庁と検討を行う。　－ワンスオンリー原則－

ハ　差額課税に係る酒税納税申告書の提出頻度削減【29年４月実施】

「沖縄の復帰に伴う特別措置に関する法律」に規定する差額課税に係る酒税納税申告書について、都度申告のところを月ごとにまとめて申告することを可能とした。

ニ　印紙税一括納付承認申請の提出頻度削減【制度改正を含め検討】

毎年提出が必要とされる印紙税一括納付承認申請について、承認内容の変更がない限り、再度の申請を不要とするよう検討する。　－ワンスオンリー原則－

ホ　揮発油税に係る未納税移出・移入の手続の簡素化【制度改正を含め検討】

揮発油等の未納税移出入時に必要な手続について、一定の要件に該当する場合には移入証明書等の税務署への提出を不要とするよう検討する。

ヘ　石油ガス税・揮発油税の電子申告対応【31年度実施に向けて検討】

石油ガス税・揮発油税について、電子申告を可能とする。

－デジタルファースト原則－

なお、以上の取組の全体を通じて、下記の点に留意が必要。

※　システム開発を要する施策については、予算措置が前提となるため、実施時期等に変更が生じる場合があり得る。

※　また、制度改正を含め検討する施策については、制度改正に係る検討や与党との協議を行う中で、取組内容等に変更が生じる場合があり得る。

※　地方税との情報連携については、地方団体側の理解と協力が必要。

3.「行政手続コスト」削減のための基本計画

総務省　平成29年６月30日

「行政手続コスト」削減のための基本計画

省庁名	総　務　省
重点分野名	地　方　税

1　手続の概要及び電子化の状況

① 手続の概要

地方税に関する手続については、地方税法において規定されるとともに各地方団体が条例で定めており、これらの規定等に基づき、納税義務者等は、申告、納付、申請・届出等の各行為を行う必要がある。

② 電子化の状況

法人住民税・法人事業税（地方法人二税）等の地方税の申告については、全地方団体に対して、地方税ポータルシステム（eLTAX）により、インターネットを利用してオンラインで行うことが可能である。法人設立届出等の各地方団体の条例等に基づき求めている申請・届出等についても、eLTAX により、インターネットを利用してオンラインで行うことが可能である。

また、eLTAX での電子申告と連動した納付手続については、22 団体においてインターネットバンキング等を通じたオンライン納付を行うことが可能である。

なお、地方法人二税における申告手続のオンライン利用率（平成27年度実績）は56.1％となっている。

2　削減方策（コスト削減の取組内容及びスケジュール）

(1)　電子申告の義務化が実現されることを前提として、大法人の法人住民税・法人事業税の申告について、電子申告（eLTAX）の利用率 100％

大法人の地方法人二税の電子申告の義務化については、平成 29 年度に検討を開始し、早期に結論を得る。その際、大法人の対象範囲について国税の状況等を踏まえて検討するとともに、デジタルファースト原則の下で原則として添付書類も含めて電子申告を義務化する方向で検討する。

(2)　中小法人の法人住民税・法人事業税の申告について、電子申告（eLTAX）の利用率 70％以上。なお、将来的に電子申告の義務化が実現されることを前提として、電子申告（eLTAX）の利用率 100％

中小法人の地方法人二税の eLTAX の利用率 70%以上という目標達成に向けて、下記の eLTAX の使い勝手改善等の取組を進めるとともに、地方団体の協力を得つつ、利用勧奨や広報・周知等、eLTAX の普及に向けた取組を一層進める。

また、中小法人の地方法人二税の eLTAX の利用率の推移等を踏まえ、中小法人の ICT 環境も勘案しつつ、電子申告の義務化も含めた更なる利用率向上のための方策を検討する。

(3)　電子納税の推進【制度改正を含めて検討】

電子納税の推進は、納税者の利便性の向上と地方団体等の事務負担軽減の観点から意義があるが、導入の手間や費用の観点から地方団体における対応が進んでいないのが現状である。地方税については、法人は地方法人二税や従業員から特別徴収した個人住民税など、複数の地方団体に納税しなければならない場合が多いことから、納税先の地方団体全てが電子納税に対応していなければ、そのメリットは少ないものと考えられる。

このような課題を踏まえ、平成 29 年度与党税制改正大綱に沿って「地方公共団体が共同で収納を行う方策」（共同収納）について、制度改正を含め検討を行う。その際、ダイレクト納付の導入についても検討する。

(4)　eLTAX の使い勝手の大幅改善（利用満足度に係るアンケートを実施し、取り組む）

eLTAX 利用者に対して HP 等を通じて eLTAX の操作性等の利用満足度に係るアンケートを実施し、以下の新規施策を含め、eLTAX の使い勝手の検証・改善に取り組む。

イ　eLTAX の利便性向上に資する地方税の共同収納の検討【制度改正を含めて検討】

前掲(3)の検討に当たっては、eLTAX の利用者が電子申告と電子納税を一連の手続として行えるような仕組みとすることで、eLTAX の利便性の向上にも資するものとする。

ロ　複数地方団体への電子申請、電子申告の利便性向上

（イ）　複数地方団体への法人設立届出書等の電子的提出の一元化

【平成 31 年９月実施予定】

複数地方団体へ同一内容の法人設立届出書等を電子的に提出する際に、電子的提出の一元化を可能とする。

また、その提出の際に必要となる各地方団体への電子署名について、一括付与を可能とする。

なお、「登記・法人設立等関係手続の簡素化・迅速化に向けたアクションプラン」（平成 28 年 10 月 31 日 CIO 連絡会議決定）に基づき、法務省が平成 32 年度に構築することとなっている、行政機関に対する登記情報を提供する仕組を活用することにより、「登記事項証明書（商業）」の添付省略を図ることを検討する。

－ワンスオンリー原則－

（ロ）　地方団体間の地方法人二税の共通入力事務の重複排除

【平成 31 年９月実施予定】

複数地方団体へ地方法人二税の電子申告を行う際に、共通項目を一括で入力し、その後に個別項目を入力することで地方団体間の共通入力事務の重複排除を可能とする。

また、その申告の際に必要となる各地方団体への電子署名について、一括付与を可能とする。　－ワンスオンリー原則－

ハ　eLTAX 受付時間の更なる拡大について検討【順次検討】

eLTAX の受付時間について、給与支払報告書の提出期間、所得税確定申告期間及び地方法人二税申告集中期間については土日も含み、8：30 から 24：00 まで運用するなど順次拡大を図っているところ、更なる拡大について費用対効果や地方団体の意向等を踏まえて検討する。

ニ　その他の eLTAX ソフト（PCdesk）の利便性向上

（イ）　異動届出書提出時の利用者情報への自動反映【平成 31 年９月実施予定】

法人納税者が異動届出書を提出した際に、eLTAX に登録されている当該法人納税者の情報への自動反映を可能とする。

（ロ）　メッセージボックスの閲覧方法の改善【平成 31 年９月実施予定】

eLTAX ソフト（PCdesk）の WEB 版の機能拡充及びスマートフォン版の導入により、インターネットからメッセージボックスの内容を閲覧できるようにする。

（ハ）　ヘルプデスクの環境整備【平成 31 年９月実施予定】

利用者の質問への対応を充実させるため、ヘルプデスクの環境を整備するなどの対応を行う。

（ニ）　利用可能文字の拡大【平成 31 年９月実施予定】

e-Tax における利用可能文字に対応する。

(5)　国税との情報連携の徹底（法人設立届出書等の電子的提出の一元化、電子申告における共通入力事務の重複排除等）

イ　電子的提出の一元化等

（イ）　地方団体で作成した所得税確定申告書データの引継ぎの推進

地方団体の申告相談会場において、申告書作成システムを利用して電子的に作成された所得税及び復興特別所得税申告書等について、e-Tax へのデータによる引継ぎを推進する。　－ワンスオンリー原則－

（注）国税当局において、平成 29 年 1 月以降、地方団体による本人確認を前提として、納税者の電子署名及び電子証明書を不要とするとともに、自宅等からの e-Tax と同様、第三者作成の添付書類について、その記載内容を入力することで、当該書類の提出又は提示を省略可能としている。

（ロ）　給与・公的年金等の源泉徴収票及び支払報告書の電子的提出の一元化の推進

平成 29 年 1 月以降、国税当局と地方団体それぞれに提出している給与・公的年金等の源泉徴収票及び支払報告書について、eLTAX でのデータの一括作成及び電子的提出の一元化を可能としたところ、この取組を推進する。

－ワンスオンリー原則－

（ハ）　法人納税者の開廃業・異動等に係る申請・届出手続の電子的提出の一元化

【平成 31 年度実施に向けて検討】

法人納税者が設立又は異動等の際に国税当局と地方団体それぞれに提出している各種届出書等について、データの一括作成及び電子的提出の一元化を可能とする。

（参考）個人納税者の上記同様の手続きについて、データ様式の統一化等の検討を行い、データの一括作成及び電子的提出の一元化を可能とするよう検討する。　－ワンスオンリー原則－

（ニ）　法人税及び地方法人二税の電子申告における共通入力事務の重複排除

【平成 31 年度実施に向けて検討】

地方法人二税の電子申告手続時の複数地方団体への申告に共通する事項の重複入力の排除の検討・実現に併せ、民間ソフトベンダーへの仕様公開方法の改善や法人税申告情報のインポート機能の実装等を通じて、法人税及び地方法人二税の電子申告における共通入力事務の重複排除に向けて取り組む。

－ワンスオンリー原則－

ロ　国と地方の情報連携等

（イ）　e-Tax と eLTAX の仕様の共通化の推進【平成 29 年度以降順次実施】

e-Tax と eLTAX 双方の利便性を向上させるため、民間ソフトベンダーの開発環境を改善する観点から、民間ソフトベンダー各社のニーズ等を踏まえつつ、各仕様の内容及び公開方法の共通化を実施する。

（ロ）　e-Tax ソフトと eLTAX ソフト（PCdesk）との連携の推進

【平成 31 年度実施に向けて検討】

上記イ（電子的提出の一元化等）に掲げる開廃業・異動等に係る申請・届出手続など、利用者ニーズの高い手続について、e-Tax と eLTAX 双方のソフト間の連携等を図る。　－ワンスオンリー原則－

なお、以上の取組の全体を通じて、下記の点に留意が必要。

※　地方団体の理解と協力等が前提となるため、取組内容や実施時期等に変更が生じる場合があり得る。

4．令和元年８月開催「TKC電子申告セミナー2019」開催報告（アンケート集計結果）（一部抜粋）

Ⅲ　電子申告を実施している帳票についてお聞かせください。（複数回答可）

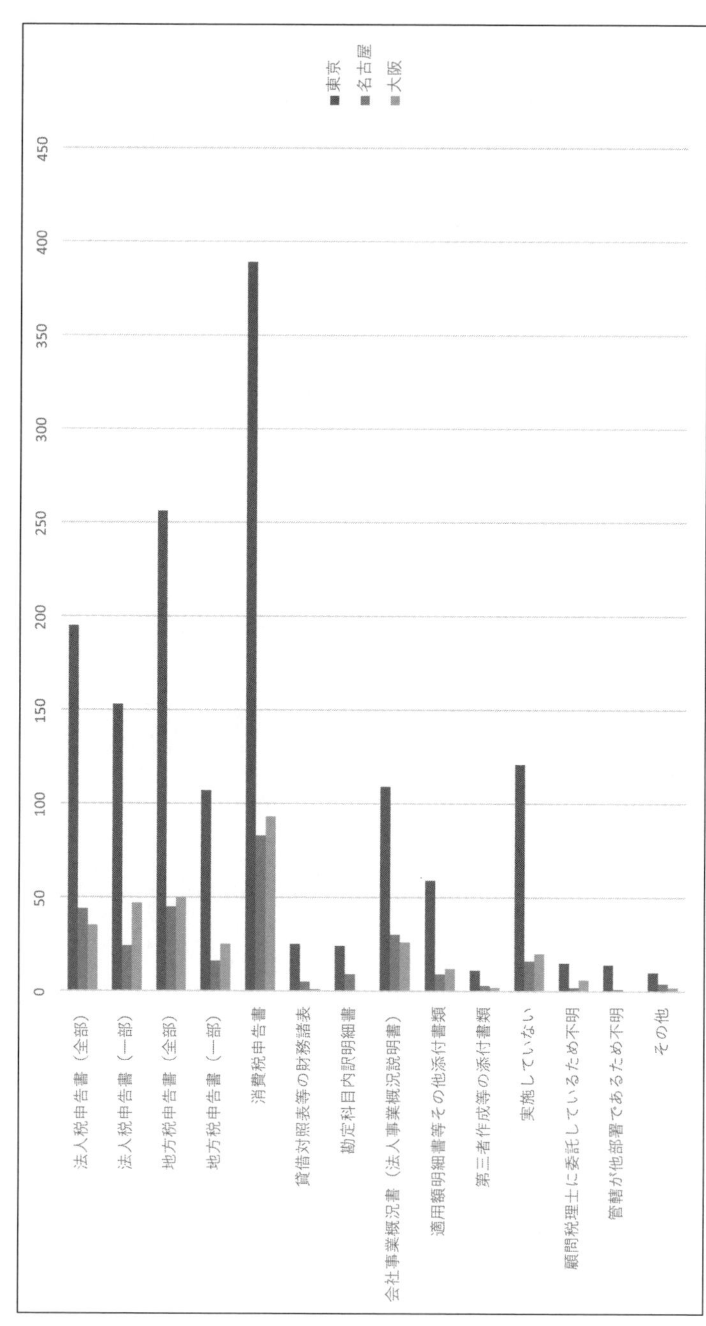

行	項目	東京		名古屋		大阪		合計	
		回答数	比率	回答数	比率	回答数	比率	回答数	比率
1	法人税申告書（全部）	195	32.9%	44	39.3%	35	26.7%	274	32.8%
2	法人税申告書（一部）	153	25.8%	24	21.4%	47	35.9%	224	26.8%
3	地方税申告書（全部）	256	43.2%	45	40.2%	50	38.2%	351	42.0%
4	地方税申告書（一部）	107	18.0%	16	14.3%	25	19.1%	148	17.7%
5	消費税申告書	389	65.6%	83	74.1%	93	71.0%	565	67.6%
6	貸借対照表等の財務諸表	25	4.2%	5	4.5%	1	0.8%	31	3.7%
7	勘定科目内訳明細書	24	4.0%	9	8.0%	0	0.0%	33	3.9%
8	会社事業概況書（法人事業概況説明書）	109	18.4%	30	26.8%	26	19.8%	165	19.7%
9	適用額明細書等その他添付書類	59	9.9%	9	8.0%	12	9.2%	80	9.6%
10	第三者作成等の添付書類	11	1.9%	3	2.7%	2	1.5%	16	1.9%
11	実施していない	121	20.4%	16	14.3%	20	15.3%	157	18.8%
12	顧問税理士に委託しているため不明	15	2.5%	2	1.8%	6	4.6%	23	2.8%
13	管轄が他部署であるため不明	14	2.4%	1	0.9%	0	0.0%	15	1.8%
14	その他	10	1.7%	4	3.6%	2	1.5%	16	1.9%
15	有効回答数	593	–	112	–	131	–	836	–

Ⅶ 税務申告書に添付する財務諸表等の作成・提出方法についてお聞かせください。（複数回答可）

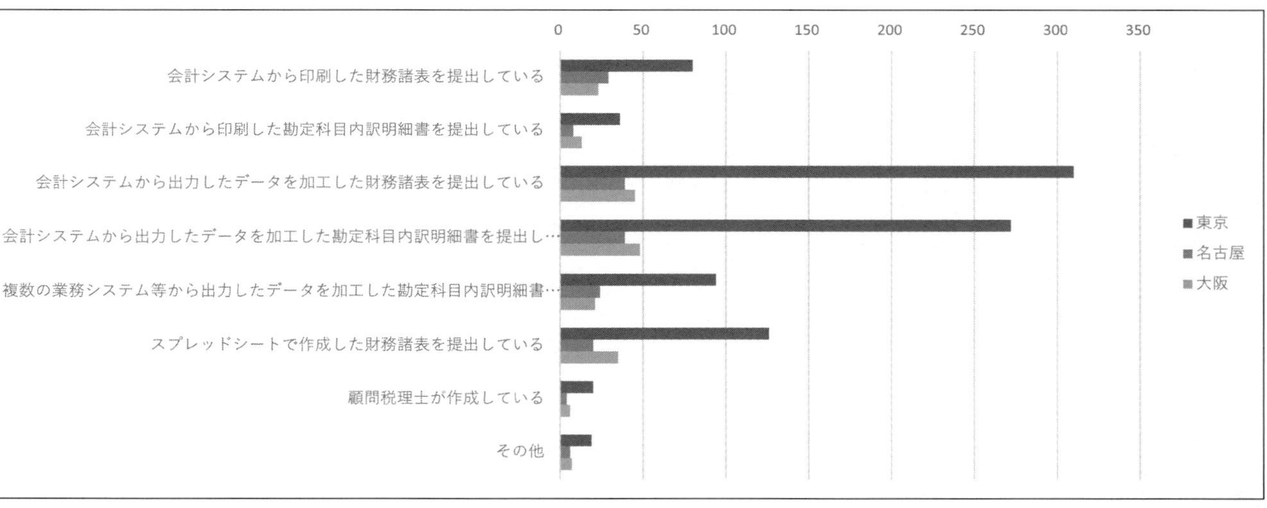

行	項目	東京		名古屋		大阪		合計	
		回答数	比率	回答数	比率	回答数	比率	回答数	比率
1	会計システムから印刷した財務諸表を提出している	80	14.1%	29	27.4%	23	18.7%	132	16.6%
2	会計システムから印刷した勘定科目内訳明細書を提出している	36	6.3%	8	7.5%	13	10.6%	57	7.2%
3	会計システムから出力したデータを加工した財務諸表を提出している	310	54.6%	39	36.8%	45	36.6%	394	49.4%
4	会計システムから出力したデータを加工した勘定科目内訳明細書を提出している	272	47.9%	39	36.8%	48	39.0%	359	45.0%
5	複数の業務システム等から出力したデータを加工した勘定科目内訳明細書を提出している	94	16.5%	24	22.6%	21	17.1%	139	17.4%
6	スプレッドシートで作成した財務諸表を提出している	126	22.2%	20	18.9%	35	28.5%	181	22.7%
7	顧問税理士が作成している	20	3.5%	4	3.8%	6	4.9%	30	3.8%
8	その他	19	3.3%	6	5.7%	7	5.7%	32	4.0%
9	有効回答数	568	–	106	–	123	–	797	–

5．グループ通算制度の概要

国税庁　令和２年４月

グループ通算制度の概要

令和２年４月

国　税　庁

令和２年３月に公布された所得税法等の一部を改正する法律（令和２年法律第８号）において連結納税制度を見直し、グループ通算制度へ移行することとされ、令和４年４月１日以後に開始する事業年度から適用することとされました。

㈱　このパンフレットは、令和２年４月１日現在公布されている法律に基づき、グループ通算制度に関する主な内容を解説したものです。

1　グループ通算制度

グループ通算制度とは、完全支配関係にある企業グループ内の各法人を納税単位として、各法人が個別に法人税額の計算及び申告を行い、その中で、損益通算等の調整を行う制度です。併せて、後発的に修更正事由が生じた場合には、原則として他の法人の税額計算に反映させない（遮断する）仕組みとされており、また、グループ通算制度の開始・加入時の時価評価課税及び欠損金の持込み等について組織再編税制と整合性の取れた制度とされています。

2　適用法人

グループ通算制度の適用を受けようとする場合には、「内国法人及びその内国法人との間にその内国法人による完全支配関係がある他の内国法人」の全てが国税庁長官の承認を受けなければならないこととされており、適用対象となる法人は、下記⑴の親法人及びその親法人との間にその親法人による完全支配関係がある下記⑵の子法人に限られます（法64の9①）。

㈱　グループ通算制度における「完全支配関係」は、完全支配関係（法２十二の七の六）のうち下記⑴③から⑦までの法人及び外国法人が介在しない一定の関係に限ります。下記10を除いて同じです。

⑴　親法人

普通法人又は協同組合等のうち、次の①から⑥までの法人及び⑥に類する一定の法人のいずれにも該当しない法人をいいます。

①　清算中の法人 ②　普通法人（外国法人を除きます。）又は協同組合等との間にその普通法人又は協同組合等による完全支配関係がある法人 ③　通算承認の取りやめの承認を受けた法人でその承認日の属する事業年度終了後５年を経過する日の属する事業年度終了の日を経過していない法人 ④　青色申告の承認の取消通知を受けた法人でその通知後５年を経過する日の属する事業年度終了の日を経過していない法人 ⑤　青色申告の取りやめの届出書を提出した法人でその提出後１年を経過する日の属する事業年度終了の日を経過していない法人 ⑥　投資法人、特定目的会社 ⑦　その他一定の法人（普通法人以外の法人、破産手続開始の決定を受けた法人等）

⑵　子法人

親法人との間にその親法人による完全支配関係がある他の内国法人のうち上記⑴③から⑦までの法人以外の法人をいいます。

3　適用方法

⑴　申請

親法人及び子法人が、通算承認を受けようとする場合には、原則として、その親法人のグループ通算制度の適用を受けようとする最初の事業年度開始の日の３月前の日までに、その親法人及び子法人の全ての連名で、承認申請書をその親法人の納税地の所轄税務署長を経由して、国税庁長官に提出する必要があります（法64の9②）。

㈱　「通算承認」とは、グループ通算制度の適用に係る国税庁長官の承認をいいます。以下同じです。

⑵　承認（みなし承認）

上記⑴のグループ通算制度の適用を受けようとする最初の事業年度開始の日の前日までにその申請についての通算承認又は却下の処分がなかったときは、その親法人及び子法人の全てについて、その開始の日においてその通算承認があったものとみなされ、同日からその効力が生じます（法64の9⑤⑥）。

⑶　申請の却下

国税庁長官は、承認申請書の提出があった場合において、次のいずれかに該当する事実があるときは、その申請を却下することができます（法64の9③）。

イ　通算予定法人のいずれかがその申請を行っていないこと。

ロ　その申請を行っている法人に通算予定法人以外の法人が含まれていること。

ハ　その申請を行っている通算予定法人について、その備え付ける帳簿書類に取引の全部又は一部を隠蔽し、又は仮装して記載し、又は記録していることその他不実の記載又は記録があると認められる相当の理由があること等の一定の事実（法64の9③三イ～ニ）のいずれかに該当すること。

㈟　「通算予定法人」とは、グループ通算制度の適用を受けようとする親法人又は子法人をいいます。

⑷　グループ通算制度への加入

イ　原則

子法人が通算親法人との間にその通算親法人による完全支配関係を有することとなった場合には、その子法人については、その完全支配関係を有することとなった日（以下「加入日」といいます。）において通算承認があったものとみなされ、同日からその効力が生じます（法64の9⑪）。

㈟　「通算親法人」とは、上記2⑴の親法人であって通算承認を受けた法人をいいます（法2十二の六の七）。以下同じです。

ロ　加入時期の特例（4（事業年度）⑶）の適用を受ける場合

加入時期の特例の適用を受ける場合には、加入日の前日の属する特例決算期間の末日の翌日において通算承認があったものとみなされ、同日からその効力が生じます（法14⑧一、64の9⑪）。

㈟　「特例決算期間」とは、その内国法人の月次決算期間（会計期間をその開始の日以後1月ごとに区分した各期間をいいます。）又は会計期間のうち下記4⑶において提出する届出書に記載された期間をいいます。

⑸　グループ通算制度の取りやめ等

通算法人は、やむを得ない事情があるときは、国税庁長官の承認を受けてグループ通算制度の適用を受けることをやめることができます。この取りやめの承認を受けた場合には、その承認を受けた日の属する事業年度終了の日の翌日から、通算承認の効力は失われます（法64の10①～④）。

また、通算親法人の解散等の一定の事実（法64の10⑥各号）が生じた場合のほか、青色申告の承認の取消しの通知を受けた場合においても、通算承認の効力は失われます（法64の10⑤、法127①～④）。

なお、通算法人は、自ら青色申告を取りやめることはできません（法128）。

㈟1　「通算法人」とは、通算親法人及び通算子法人をいいます（法2十二の七の二）。以下同じです。

2　「通算子法人」とは、上記2⑵の子法人であって通算承認を受けた法人をいいます（法2十二の七）。以下同じです。

⑹　経過措置

イ　連結納税制度の承認を受けている法人については、原則として、令和4年4月1日以後最初に開始する事業年度の開始の日において、通算承認があったものとみなされ、同日からその効力が生じます（改正法附則29①）。また、その法人が青色申告の承認を受けていない場合には、同日において青色申告の承認があったものとみなされます（法125②）。

ロ　連結法人は、その連結法人に係る連結親法人が令和4年4月1日以後最初に開始する事業年度開始の日の前日までに税務署長に届出書を提出することにより、グループ通算制度を適用しない法人となることができます（改正法附則29②）。

4　事業年度

⑴　通算子法人の事業年度の特例

通算子法人でその通算子法人に係る通算親法人の事業年度開始の時にその通算親法人との間に通算完全支配関係がある通算子法人の事業年度は、その開始の日に開始するものとされ、通算子法人でその通算子法人に係るその通算親法人の事業年度終了の時にその通算親法人との間に通算完全支配関係がある通算子法人の事業年度は、その終了の日に終了するものとされます（法14③）。また、通算子法人である期間については、その通算子法人の会計期間等による事業年度で区切られません（法14⑦）。このため、通算親法人の事業年度と同じ期間がその通算子法人の事業年度となります。

㈟　「通算完全支配関係」とは、通算親法人と通算子法人との間の完全支配関係又は通算親法人との間に完全支配関係がある通算子法人相互の関係をいいます（法2十二の七の七）。以下同じです。

《設例１》［通算親法人と通算子法人との間に継続して通算完全支配関係がある場合］

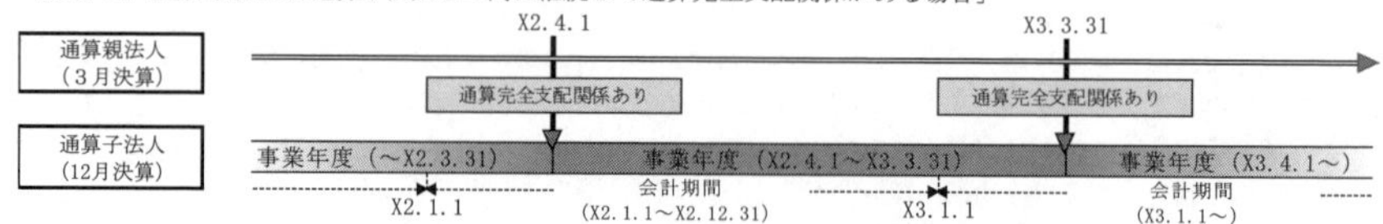

⑵　通算子法人のグループ通算制度への加入・離脱に係る事業年度の特例

次の事実が生じた場合には、その事実が生じた内国法人の事業年度は、それぞれ次に定める日の前日に終了し、これに続く事業年度は、下記ロの内国法人の合併による解散又は残余財産の確定に基因して下記ロの事実が生じた場合を除き、それぞれ次に定める日から開始するものとされます（法 14④）。

イ　内国法人が通算親法人との間にその通算親法人による完全支配関係を有することとなったこと　その有することとなった日（下記《設例２》において「加入日」といいます。）

《設例２》［内国法人が通算グループに加入した場合］

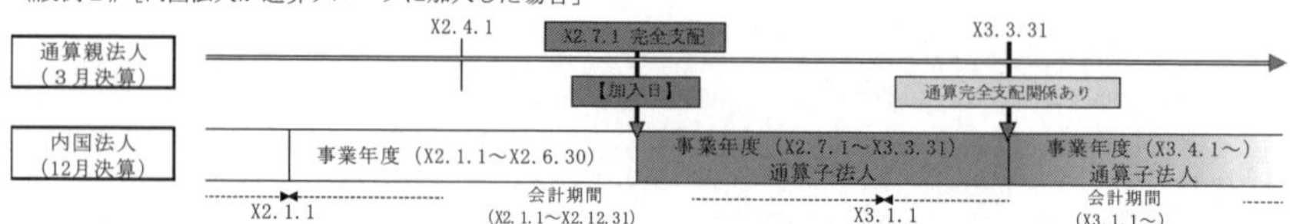

ロ　内国法人が通算親法人との間にその通算親法人による通算完全支配関係を有しなくなったこと　その有しなくなった日（下記《設例３》において「離脱日」といいます。）

《設例３》［通算子法人が通算グループから離脱した場合］

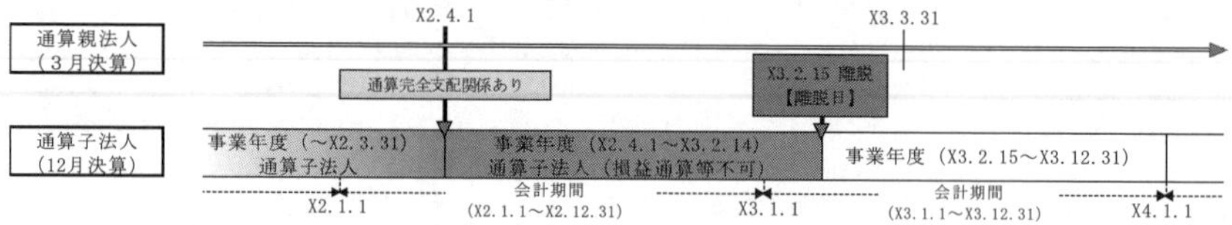

⑶　加入時期の特例

内国法人が、通算親法人との間にその通算親法人による完全支配関係を有することとなり、又は親法人の法人税法第 64 条の９第９項に規定する申請特例年度の期間内にその親法人との間にその親法人による完全支配関係を有することとなった場合において、その内国法人が加入時期の特例の適用がないものとした場合に加入日の前日の属する事業年度に係る確定申告書の提出期限となる日までに、その通算親法人又は親法人（以下⑶において「通算親法人等」といいます。）が加入時期の特例の適用を受ける旨の届出書を納税地の所轄税務署長に提出したときは、上記⑵イ及び法人税法第 14 条第５項第２号等の適用については、次の場合の区分に応じ、それぞれ次のとおりとされています（法 14⑧）。

イ　その加入日からその加入日の前日の属する特例決算期間の末日まで継続してその内国法人とその通算親法人等との間にその通算親法人等による完全支配関係がある場合　その加入日の前日の属する特例決算期間の末日の翌日をもって上記⑵イ及び法人税法第 14 条第５項第２号に定める日とされます。

《設例４》［通算子法人となる内国法人の会計期間の末日の翌日を上記⑵イに定める日とする加入時期の特例の場合］

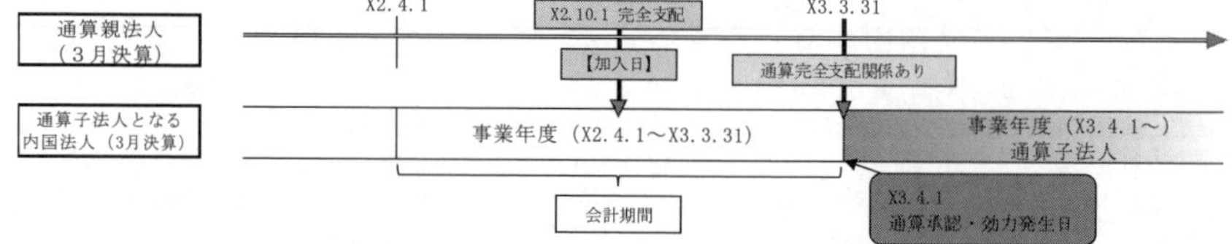

ロ　上記イの場合以外の場合　特例決算期間の中途において、その通算親法人等との間にその通算親法人等による完全支配関係を有しないこととなった内国法人は、通算子法人とはならず、その内国法人の会計期間等による事業年度となります。

5　申告・納付等

(1)　個別申告方式

グループ通算制度においては、その適用を受ける通算グループ内の各通算法人を納税単位として、その各通算法人が個別に法人税額の計算及び申告を行います（法 74 等）。

(2)　電子情報処理組織（e-Tax）による申告

通算法人は、事業年度開始の時における資本金の額又は出資金の額が 1 億円以下であるか否かにかかわらず、電子情報処理組織（以下(2)において「e-Tax」といいます。）を使用する方法により納税申告書を提出する必要があります（法 75 の 4 ①②）。

これに際し、通算親法人が、通算子法人の法人税の申告に関する事項の処理として、その通算親法人の電子署名をして e-Tax により提供した場合には、その通算子法人が e-Tax による申告の規定により提出したものとみなされます（法 150 の 3 ①②）。

(3)　連帯納付の責任

通算法人は、他の通算法人の各事業年度の法人税（その通算法人と当該他の通算法人との間に通算完全支配関係がある期間内に納税義務が成立したものに限ります。）について、連帯納付の責任を負います（法 152①）。

(4)　経過措置

上記 3 (6)イにより通算承認があったものとみなされた連結親法人が、連結確定申告書の提出期限の延長特例及び延長期間の指定（旧法 81 の 24①）の規定の適用を受けている場合には、グループ通算制度へ移行するグループ内の全ての通算法人について、延長特例の適用及び延長期間の指定を受けたものとみなされます（改正法附則 34①②）。

6　所得金額及び法人税額の計算

(1)　損益通算

イ　所得事業年度の損益通算による損金算入

通算法人の所得事業年度終了の日（以下イにおいて「基準日」といいます。）において、その通算法人との間に通算完全支配関係がある他の通算法人の基準日に終了する事業年度において通算前欠損金額が生ずる場合には、その通算法人の所得事業年度の通算対象欠損金額は、その所得事業年度の損金の額に算入されます（法 64 の 5 ①）。すなわち、通算グループ内の欠損法人の欠損金額の合計額が、所得法人の所得の金額の比で配分され、その配分された通算対象欠損金額が所得法人の損金の額に算入されます。

ロ　欠損事業年度の損益通算による益金算入

通算法人の欠損事業年度終了の日（以下ロにおいて「基準日」といいます。）において、その通算法人との間に通算完全支配関係がある他の通算法人の基準日に終了する事業年度において通算前所得金額が生ずる場合には、その通算法人の欠損事業年度の通算対象所得金額は、その欠損事業年度の益金の額に算入されます（法 64 の 5 ③）。すなわち、上記イで損金算入された金額の合計額と同額の所得の金額が、欠損法人の欠損金額の比で配分され、その配分された通算対象所得金額が欠損法人の益金の額に算入されます。

ハ　損益通算の遮断措置

上記イ又はロの場合において、通算事業年度の通算前所得金額又は通算前欠損金額が当初申告額と異なるときは、それぞれの当初申告額がその通算事業年度の通算前所得金額又は通算前欠損金額とみなされます（法 64 の 5 ⑤）。すなわち、通算グループ内の一法人に修更正事由が生じた場合には、損益通算に用いる通算前所得金額及び通算前欠損金額を当初申告額に固定することにより、原則として、その修更正事由が生じた通算法人以外の他の通算法人への影響を遮断し、その修更正事由が生じた通算法人の申告のみが是正されます。

《用語の意義》

用語	意義
所得事業年度	通算前所得金額の生ずる事業年度（その通算法人に係る通算親法人の事業年度終了の日に終了する事業年度に限ります。）をいいます。
通算前所得金額	損益通算及び欠損金の控除前の所得の金額をいいます。
通算前欠損金額	損益通算前の欠損金額をいいます。

通算対象欠損金額	①　他の通算法人の基準日に終了する事業年度の通算前欠損金額の合計額（③を超える場合には③の金額）（法64の5②一） × ②　通算法人の所得事業年度の通算前所得金額（法64の5②二）／③　通算法人の所得事業年度及び他の通算法人の基準日に終了する事業年度の通算前所得金額の合計額（法64の5②三）
欠損事業年度	通算前欠損金額の生ずる事業年度（その通算法人に係る通算親法人の事業年度終了の日に終了する事業年度に限ります。）をいいます。
通算対象所得金額	①　他の通算法人の基準日に終了する事業年度の通算前所得金額の合計額（③を超える場合には③の金額）（法64の5④一） × ②　通算法人の欠損事業年度の通算前欠損金額（法64の5④二）／③　通算法人の欠損事業年度及び他の通算法人の基準日に終了する事業年度の通算前欠損金額の合計額（法64の5④三）
通算事業年度	上記イの通算法人の所得事業年度若しくは他の通算法人の基準日に終了する事業年度又は上記ロの通算法人の欠損事業年度若しくは他の通算法人の基準日に終了する事業年度をいいます。

⑵　欠損金の通算

通算法人に係る欠損金の繰越し（法57①）の規定の適用については、次のイ及びロ等の一定の調整を行う必要があります（法64の7）。

イ　欠損金の繰越控除額の計算

⑴　各通算法人の十年内事業年度の欠損金額の配分

通算法人の適用事業年度開始の日前10年以内に開始した各事業年度において生じた欠損金額は、特定欠損金額と非特定欠損金額の合計額とされます（法64の7①二）。非特定欠損金額は、通算グループ全体の非特定欠損金額の合計額が、過年度において損金算入された欠損金額及び特定欠損金額を控除した後の損金算入限度額の比で配分されます。

⑵　各通算法人の欠損金額の損金算入限度額等の計算

各通算法人の繰越控除額は、それぞれ次の金額が限度とされます（法64の7①三）。

A　特定欠損金額　各通算法人の損金算入限度額の合計額を各通算法人の特定欠損金額のうち欠損控除前所得金額に達するまでの金額の比で配分した金額

B　非特定欠損金額　各通算法人の特定欠損金額の繰越控除後の損金算入限度額の合計額を各通算法人の上記⑴による配分後の非特定欠損金額の比で配分した金額

また、適用事業年度後の事業年度の繰越欠損金額から除かれる過年度において損金算入された欠損金額は、上記⑴による配分前の欠損金額を基に計算された金額とされます（法64の7①四）。

《用語の意義》

用語	意義
十年内事業年度	通算法人の適用事業年度開始の日前10年以内に開始した各事業年度（その通算法人が通算親法人の事業年度に合わせるための調整（法64の7①一）をしている通算子法人である場合には、その規定を適用した場合における開始日前10年以内に開始した各事業年度をいいます。）をいいます。
適用事業年度	法57①の規定の適用を受ける事業年度をいい、その通算法人が通算子法人である場合には、その通算法人に係る通算親法人の事業年度終了の日に終了するものに限ります。
特定欠損金額	下記8⑴の時価評価除外法人の最初通算事業年度開始の日前10年以内に開始した各事業年度において生じた欠損金額等をいいます（法64の7②）。この特定欠損金額は、その通算法人の所得の金額のみから控除できます。
非特定欠損金額	欠損金額のうち特定欠損金額以外の金額をいいます。
欠損控除前所得金額	法57①本文の規定を適用せず、かつ、59③④及び62の5⑤の規定を適用しないものとして計算した場合における適用事業年度の所得の金額から一定の金額を控除した金額をいいます。

ロ　欠損金の通算の遮断措置

⑴　他の通算法人の修更正による影響の遮断

上記イの場合において、通算法人の適用事業年度終了の日に終了する他の通算法人の事業年度（以下⑶までにおいて「他の事業年度」といいます。）の損金算入限度額又は過年度の欠損金額等が当初申告額と異なるときは、それらの当初申告額が当該他の事業年度の損金算入限度額又は過年度の欠損金額等とみなされます（法64の7④）。すなわち、通算グループ内の他の通算法人に修更正事由が生じた場合には、欠損金の通算に用いる金額を当初申告額に固定することにより、その通算法人への影響が遮断されます。

⑵　通算法人の修更正による損金算入欠損金額の調整

上記イの場合において、通算法人の適用事業年度の損金算入限度額又は過年度の欠損金額等が当初申告額と異なるときは、欠損金額及び損金算入限度額（下記7の中小通算法人等である場合を除きます。）で当初の期限内申告において通算グループ内の他の通算法人との間で配分し又は配分された金額を固定する調整等をした上で、その通算法人のみで欠損金額の損金算入額等が再計算されます（法64の7⑤～⑦）。

⑶　上記⑴及び⑵における遮断措置の不適用

期限内申告書を提出した通算事業年度等のいずれかについて修更正事由が生じた場合において、通算事業年度の全ての通算法人について、期限内申告書にその通算事業年度の所得の金額として記載された金額が0又は欠損金額であること等の要件に該当するときは、上記⑴ハ（損益通算の遮断措置）及び⑵ロ（欠損金の通算の遮断措置）は適用されません（法64の5⑥、64の7⑧一）。すなわち、通算グループ全体では所得金額がないにもかかわらず、当初申告額に固定することにより所得金額が発生する法人が生ずることのないようにするため、一定の要件に該当する場合には、損益通算及び欠損金の通算の規定の計算に用いる所得の金額及び欠損金額を当初申告額に固定せずに、通算グループ全体で再計算されます。

また、損益通算及び欠損金の通算の遮断措置の規定の濫用を防止するため、一定の場合には、税務署長は、損益通算及び欠損金の通算の規定の計算に用いる所得の金額及び欠損金額を当初申告額に固定せずに、通算グループ全体で再計算をすることができます（法64の5⑧、64の7⑧二）。

⑷　経過措置

イ　連結納税制度における連結欠損金個別帰属額は、旧法人税法第57条第6項と同様に各法人の欠損金額とみなされます（改正法附則20①）。上記3⑹イ又はロのグループ通算制度を適用する法人又は適用しない法人についても同様です。

ロ　上記イの欠損金額は、上記⑵イ㈠の欠損金額に含まれ、その欠損金額のうち、連結納税制度における特定連結欠損金個別帰属額は、グループ通算制度における特定欠損金額とみなされます（改正法附則28③）。

7　税率

通算法人の各事業年度の所得の金額に対する法人税の税率は、各通算法人の区分に応じた税率が適用されます。したがって、原則として、普通法人である通算法人は23.2％、協同組合等である通算法人は19％の税率が適用されます（法66①等）。

なお、中小通算法人（大通算法人以外の普通法人である通算法人をいいます。以下7において同じです。）の各事業年度の所得の金額のうち軽減対象所得金額以下の金額については、19％の税率が適用されます（法66①⑥）。各中小通算法人の軽減対象所得金額は、一定の場合を除き、年800万円を通算グループ内の所得法人の所得の金額の比で配分した金額とされます（法66⑦⑪）。

また、中小通算法人に修更正事由が生じた場合には、各中小通算法人の所得の金額の合計額が年800万円以下である場合又は上記6⑶の適用がある場合を除いて、その中小通算法人の所得の金額を当初申告額に固定して計算されます（法66⑧⑨⑪）。

㈲　「大通算法人」とは、通算法人である普通法人又はその普通法人の各事業年度終了の日においてその普通法人との間に通算完全支配関係がある他の通算法人のうち、いずれかの法人がその各事業年度終了の時における資本金の額又は出資金の額が1億円を超える法人等一定の法人に該当する場合におけるその普通法人をいいます。

8　グループ通算制度の適用開始、通算グループへの加入及び通算グループからの離脱

グループ通算制度の適用開始、通算グループへの加入及び通算グループからの離脱時において、一定の場合には、資産の時価評価課税や欠損金の切捨て等の制限があります。

⑴　時価評価除外法人

グループ通算制度の適用開始又は通算グループへの加入に伴う資産の時価評価について、対象外となる法人（以下⑶までにおいて「時価評価除外法人」といいます。）は、次の法人とされています。

イ　適用開始時の時価評価除外法人（法64の11①）

㈠　いずれかの子法人との間に完全支配関係の継続が見込まれる親法人

㈡　親法人との間に完全支配関係の継続が見込まれる子法人

ロ　加入時の時価評価除外法人（法64の12①）

㈠　通算グループ内の新設法人

㈡　適格株式交換等により加入した株式交換等完全子法人

(ハ)　適格組織再編成と同様の要件として次の要件（通算グループへの加入の直前に支配関係がある場合には、Aの各要件）の全てに該当する法人

A　通算親法人との間の完全支配関係の継続要件、加入法人の従業者継続要件、加入法人の主要事業継続要件

B　通算親法人又は他の通算法人と共同で事業を行う場合に該当する一定の要件

(2)　時価評価法人のグループ通算制度の適用開始・加入前の欠損金額の切捨て

時価評価除外法人以外の法人（時価評価法人）のグループ通算制度の適用開始又は通算グループへの加入前において生じた欠損金額は、原則として、切り捨てられます（法57⑥）。

(3)　時価評価除外法人のグループ通算制度の適用開始・加入前の欠損金額及び含み損等に係る制限

時価評価除外法人（親法人との間の支配関係が5年超の法人等一定の法人を除きます。）のグループ通算制度の適用開始又は通算グループへの加入前の欠損金額及び資産の含み損等については、次のとおり、欠損金額の切捨てのほか、支配関係発生日以後5年を経過する日と効力発生日以後3年を経過する日とのいずれか早い日まで一定の金額を損金不算入又は損益通算の対象外とする等の制限が行われます。

イ　支配関係発生後に新たな事業を開始した場合には、支配関係発生前に生じた欠損金額及び支配関係発生前から有する一定の資産の開始・加入前の実現損から成る欠損金額は切り捨てられるとともに、支配関係発生前から有する一定の資産の開始・加入後の実現損に係る金額は損金不算入とされます（法57⑧、64の14①）。

ロ　多額の償却費の額が生ずる事業年度に通算グループ内で生じた欠損金額については、損益通算の対象外とされた上で、特定欠損金額とされます（法64の6③、64の7②三）。

ハ　上記イ又はロのいずれにも該当しない場合には、通算グループ内で生じた欠損金額のうち、支配関係発生前から有する一定の資産の実現損から成る欠損金額については、損益通算の対象外とされた上で、特定欠損金額とされます（64の6①、64の7②三）。

(4)　通算グループからの離脱

通算グループから離脱した法人が主要な事業を継続することが見込まれていない場合等には、その離脱直前の時に有する一定の資産については、離脱直前の事業年度において、時価評価により評価損益の計上が行われます（法64の13①）。

9　各個別制度の取扱い

(1)　外国税額控除

イ　通算法人が各事業年度において外国法人税を納付することとなる場合には、通算グループの要素を用いて計算した控除限度額を限度として、その事業年度の所得に対する法人税の額から控除されます（法69①⑭）。

ロ　上記イの場合において、通算法人の各事業年度の外国税額控除額が当初申告額と異なるときは、その当初申告額がその通算法人の各事業年度の外国税額控除額とみなされます（法69⑮）。

ハ　上記ロの適用を受けた事業年度（過去適用事業年度）において、当初申告における外国税額控除額（過去当初申告税額控除額）と再計算後の外国税額控除額（調整後過去税額控除額）との間に過不足額（税額控除超過額相当額又は税額控除不足額相当額）が生じた場合には、その過不足額は、対象事業年度（いわゆる進行事業年度）の法人税の額に加算又は法人税の額から控除することにより調整されます（法69⑰⑱）。

ニ　通算法人又は他の通算法人が外国税額控除額の計算の基礎となる事実を隠蔽又は仮装して外国税額控除額を増加させることにより法人税の負担を減少させる場合等には、上記ロ及びハは適用されません（法69⑯）。

(2)　研究開発税制

イ　通算法人が研究開発税制の適用を受ける場合には、次の算式により計算した税額控除可能分配額を税額控除限度額として、その通算法人の各事業年度の税額控除額が計算されます（措法42の4①④⑦⑧三・⑱）。

$$\text{税額控除可能分配額} = ①\ \text{税額控除可能額} \times \frac{②\ \text{通算法人の調整前法人税額}}{③\ \text{各通算法人の調整前法人税額の合計額（措法42の4⑧三ハ）}}$$

(注)　「税額控除可能額」とは、通算グループを一体として計算した税額控除限度額と控除上限額とのうちいずれか少ない金額をいいます。以下(2)において同じです。

ロ　上記イの場合において、通算法人又は他の通算法人に修更正事由が生じた場合には、次の調整が行

われます。

(ｲ) 他の通算法人の各事業年度の試験研究費の額又は上記イの適用を受ける事業年度の調整前法人税額が当初申告額と異なるときは、それぞれの当初申告額が当該他の通算法人の各事業年度の試験研究費の額又は上記イの適用を受ける事業年度の調整前法人税額とみなされます（措法 42 の４⑧四）。すなわち、通算グループ内の他の通算法人に修更正事由が生じた場合には、当該他の通算法人の試験研究費の額と調整前法人税額を当初申告額に固定することにより、その通算法人への影響が遮断されます。

(ﾛ) 通算法人の税額控除可能額が当初申告額以上であるときは、当初申告税額控除可能分配額が税額控除可能分配額とみなされます（措法 42 の４⑧五）。すなわち、その通算法人に修更正事由が生じたことにより、税額控除可能額が当初申告額を超えることとなった場合であっても、税額控除可能分配額は当初申告額に固定されます。

(ﾊ) 通算法人の税額控除可能額等が当初申告額未満であるときは、次の場合に応じそれぞれ次の調整等が行われます（措法 42 の４⑧六・七）。

A　当初申告税額控除可能分配額が０を超える場合

当初申告税額控除可能分配額から、当初申告税額控除可能額からその税額控除可能額を減算した金額（以下Ｂまでにおいて「税額控除超過額」といいます。）を控除した金額が上記イの適用を受ける事業年度の税額控除可能分配額とみなされます。すなわち、税額控除超過額は当初申告税額控除可能分配額の範囲内で税額控除可能分配額から控除されます。

B　税額控除超過額が当初申告税額控除可能分配額を超える場合

上記イの適用を受ける事業年度の法人税の額は、その法人税の額に税額控除超過額から当初申告税額控除可能分配額を控除した金額に相当する金額を加算した金額とされます。すなわち、上記Ａにより控除されなかった税額控除超過額は、法人税の額に加算されます。

ハ　損益通算の遮断措置（上記**6(1)**ハ）について、上記**6(3)**の濫用防止に係る規定の適用がある場合には、上記ロの遮断措置を前提とした調整の規定は適用されません（措法 42 の４⑯⑰）。また、この場合においては、この調整を前提とした進行事業年度における調整の規定（措法 42 の４⑪⑬）についても適用されません。

ニ　通算法人が特別試験研究費に係る税額控除制度の適用を受ける場合についても、上記ロ及びハと同様の調整等が行われます。

上記以外の個別制度についても、個別計算を原則としつつ、それぞれの制度趣旨・目的等を勘案した適切な仕組みに見直され、それぞれ必要な経過措置が講じられています。

10　グループ通算制度への移行に併せた個別制度の見直し

次の個別制度については、グループ通算制度への移行に併せ、それぞれ次のとおり見直され、(1)及び(3)については、グループ法人税制の対象とされています。

(1)　受取配当等の益金不算入制度

イ　株式等の区分判定については、内国法人及びその内国法人との間に完全支配関係がある他の法人を含む持株比率で判定されます（法 23④⑥）。

ロ　関連法人株式等に係る配当等の額のうち益金不算入となる金額は、その配当等の額からその配当等の額に係る負債の利子の額として一定の計算により算出した金額を控除した金額とされます（法 23①）。

ハ　グループ通算制度を適用している法人については、短期保有株式等の判定を各法人で行います（法 23②）。

(2)　寄附金の損金不算入制度

イ　寄附金の損金算入限度額については、内国法人の各事業年度終了の時の資本金の額及び資本準備金の額の合計額若しくは出資金の額又はその事業年度の所得の金額を基礎として一定の計算により算出した金額とされます（法 37①）。

ロ　グループ通算制度を適用している法人については、上記イの計算を各法人で行います。

(3)　貸倒引当金

貸倒引当金繰入限度額の計算における個別評価金銭債権及び一括評価金銭債権には、内国法人がその内国法人との間に完全支配関係がある他の法人に対して有する金銭債権は、含まれないものとされます（法 52⑨二）。

6．参考条文　法人税法（中間申告に関する内容）

（中間申告）

第71条　内国法人である普通法人（清算中のものを除く。次条及び第72条第１項（仮決算をした場合の中間申告書の記載事項等）において同じ。）は、その事業年度（新たに設立された内国法人である普通法人のうち適格合併（被合併法人の全てが収益事業を行つていない公益法人等であるものを除く。次項及び第３項において同じ。）により設立されたもの以外のものの設立後最初の事業年度、公益法人等（収益事業を行つていないものに限る。）が普通法人に該当することとなつた場合のその該当することとなつた日の属する事業年度及び連結子法人が第４条の５第１項又は第２項（第４号及び第５号に係る部分に限る。）（連結納税の承認の取消し等）の規定により第４条の２（連結納税義務者）の承認を取り消された場合（第15条の２第１項（連結事業年度の意義）に規定する連結親法人事業年度開始の日に当該承認を取り消された場合を除く。）のその取り消された日の前日の属する事業年度を除く。第72条第１項において同じ。）が６月を超える場合には、当該事業年度開始の日以後６月を経過した日から２月以内に、税務署長に対し、次に掲げる事項を記載した申告書を提出しなければならない。ただし、第１号に掲げる金額が10万円以下である場合又は当該金額がない場合は、当該申告書を提出することを要しない。

一　当該事業年度の前事業年度の確定申告書に記載すべき第74条第１項第２号（確定申告）に掲げる金額で当該事業年度開始の日以後６月を経過した日の前日までに確定したものを当該前事業年度の月数で除し、これに６を乗じて計算した金額（当該前事業年度の期間が連結事業年度に該当する場合には、当該連結事業年度のその普通法人に係る連結法人税個別帰属支払額（各連結事業年度の連結所得に対する法人税の負担額としてその普通法人に帰せられる金額として第81条の18第１項（連結法人税の個別帰属額の計算）の規定により計算される金額をいう。次項第１号において同じ。）で当該事業年度開始の日以後６月を経過した日の前日までに確定した当該連結事業年度の連結確定申告書に記載すべき第81条の22第１項第２号（連結確定申告）に掲げる金額に係るものを当該事業年度開始の日の前日の属する当該普通法人の連結事業年度の月数で除し、これに６を乗じて計算した金額）

二　前号に掲げる金額の計算の基礎その他財務省令で定める事項

2　前項の場合において、同項の普通法人が適格合併（法人を設立するものを除く。以下この項において同じ。）に係る合併法人で次の各号に掲げる期間内にその適格合併をしたものであるときは、その普通法人が提出すべき当該事業年度の中間申告書については、前項第１号に掲げる金額は、同号の規定にかかわらず、同号の規定により計算した金額に相当する金額に当該各号に定める金額を加算した金額とする。

一　当該事業年度の前事業年度　当該普通法人の当該事業年度開始の日の１年前の日以後に終了した被合併法人の各事業年度（その月数が６月に満たないものを除く。）の確定申告書に記載すべき第74条第１項第２号に掲げる金額で当該普通法人の当該事業年度開始の日以後６月を経過した日の前日までに確定したもの又は当該一年前の日以後に終了した被合併法人の各連結事業年度（その月数が６月に満たないものを除く。）の当該被合併法人の連結法人税個別帰属支払額で当該６月を経過した日の前日までに確定した各連結事業年度の連結確定申告書に記載すべき第81条の22第１項第２号に掲げる金額に係るもののうち最も新しい事業年度又は連結事業年度に係るもの（以下この条において「被合併法人の確定法人税額等」という。）をその計算の基礎となつた当該被合併法人の事業年度又は連結事業年度の月数で除し、これに当該普通法人の当該前事業年度の月数のうちに占める当該前事業年度開始の日からその適格合併の日の前日までの期間の月数の割合に６を乗じた数を乗じて計算した金額

二　当該事業年度開始の日から同日以後６月を経過した日の前日までの期間　被合併法人の確定法人税額等をその計算の基礎となつた当該被合併法人の事業年度又は連結事業年度の月数で除し、これにその適格合併の日から当該６月を経過した日の前日までの期間の月数を乗じて計算した金額

3　第１項の場合において、同項の普通法人が適格合併（法人を設立するものに限る。）に係る合併法人であるときは、その普通法人が提出すべきその設立後最初の事業年度の中間申告書については、同項第１号に掲げる金額は、同号の規定にかかわらず、各被合併法人の確定法人税額等をその計算の基礎となつた当該被合併法人の事業年度又は連結事業年度の月数で除し、これに６を乗じて計算した金額の合計額とする。

4　前３項の月数は、暦に従つて計算し、１月に満たない端数を生じたときは、これを１月とする。

5　次の各号に掲げる場合に該当する場合で、かつ、当該各号に規定する申告書の提出期限につき国税通則法第10条第２項（期間の計算及び期限の特例）の規定の適用がある場合において、同項の規定の適用がないものとした場合における当該申告書の提出期限の翌日から同項の規定により当該申告書の提出期限とみなされる日までの間に確定申告書に記載すべき第74条第１項第２号に掲げる金額又は連結確定申告書に記載すべき第81条の22第１項第２号に掲げる金額が確定したときは、第１項に規定する事業年度開始の日以後６月を経過した日の前日までにこれらの金額が確定したものとみなして、前各項の規定を適用する。

一　第１項第１号に規定する前事業年度の第74条第１項の規定による申告書の提出期限が第75条の２第１項（確定申告書の提出期限の延長の特例）の規定により４月間延長されている場合

二　第１項第１号に規定する連結事業年度の第81条の22第１項の規定による申告書の提出期限が第81条の24第１項（連結確定申告書の提出期限の延長の特例）の規定により４月間延長されている場合

（中間申告書の提出を要しない場合）

第71条の２　国税通則法第11条（災害等による期限の延長）の規定による申告に関する期限の延長により、内国法人である普通法人の中間申告書の提出期限と当該中間申告書に係る事業年度の第74条第１項（確定申告）の規定による申告書の提出期限とが同一の日となる場合は、前条第１項本文の規定にかかわらず、当該中間申告書を提出することを要しない。

（仮決算をした場合の中間申告書の記載事項等）

第72条　内国法人である普通法人（第４条の７（受託法人等に関するこの法律の適用）に規定する受託法人を除く。）が当該事業年度開始の日以後６月の期間を一事業年度とみなして当該期間に係る課税標準である所得の金額又は欠損金額を計算した場合には、その普通法人は、第71条第１項各号（中間申告）に掲げる事項に代えて、次に掲げる事項を記載した中間申告書を提出することができる。ただし、同項ただし書若しくは前条の規定により中間申告書を提出することを要しない場合（当該期間において生じた第４項に規定する災害損失金額がある場合を除く。）又は第２号に掲げる金額が第71条の規定により計算した同条第１項第１号に掲げる金額を超える場合は、この限りでない。

一　当該所得の金額又は欠損金額

二　当該期間を一事業年度とみなして前号に掲げる所得の金額につき前節（税額の計算）（第67条（特定同族会社の特別税率）、第68条第３項（所得税額の控除）及び第70条（仮装経理に基づく過大申告の場合の更正に伴う法人税額の控除）を除く。）の規定を適用するものとした場合に計算される法人税の額

三　前２号に掲げる金額の計算の基礎その他財務省令で定める事項

2　前項に規定する事項を記載した中間申告書には、同項に規定する期間の末日における貸借対照表、当該期間の損益計算書その他の財務省令で定める書類を添付しなければならない。

3　第１項に規定する期間に係る課税標準である所得の金額又は欠損金額及び同項第２号に掲げる法人税の額の計算については、第２条第25号（定義）中「確定した決算」とあるのは「決算」と、第１節第３款、第４款、第７款及び第10款（課税標準及びその計算）（第57条第２項、第７項及び第10項（青色申告書を提出した事業年度の欠損金の繰越し）並びに第58条第２項及び第５項（青色申告書を提出しなかつた事業年度の災害による損失金の繰越し）を除く。）中「確定した決算」とあるのは「決算」と、「確定申告書」とあるのは「中間申告書」と、第68条第４項及び第69条第15項（外国税額の控除）中「確定申告書」とあるのは「中間申告書」と、同条第16項中「確定申告書、修正申告書又は更正請求書にこれら」とあるのは「中間申告書、修正申告書又は更正請求書にこれら」と、第69条の２第３項（分配時調整外国税相当額の控除）中「確定申告書」とあるのは「中間申告書」とする。

4　災害（震災、風水害、火災その他政令で定める災害をいう。以下この項において同じ。）により、内国法人の当該災害のあつた日から同日以後６月を経過する日までの間に終了する第１項に規定する期間において生じた災害損失金額（当該災害により棚卸資産、固定資産又は政令で定める繰延資産について生じた損失の額で政令で定めるものをいう。第１号において同じ。）がある場合における同項に規定する中間申告書には、同項各号に掲げる事項のほか、次に掲げる事項を記載することができる。

一　当該期間を一事業年度とみなして第69条第１項に規定する外国法人税の額で同条の規定により控除されるべき金額及び第68条第１項に規定する所得税の額で同項の規定により控除されるべき金額をこれらの順に控除するものとしてこれらの規定を適用するものとした場合に同項の規定による控除をされるべき金額で第１項第２号に掲げる法人税の額の計算上控除しきれなかつたものがあるときは、その控除しきれなかつた金額（当該金額が当該期間において生じた災害損失金額を超える場合には、その超える部分の金額を控除した金額）

二　前号に掲げる金額の計算の基礎その他財務省令で定める事項

5　第３項に定めるもののほか、第１項に規定する期間に係る課税標準である所得の金額又は欠損金額及び同項第２号に掲げる法人税の額の計算に関し必要な事項は、政令で定める。

著者紹介

長谷川　暢彦（はせがわ　たつひこ）

税理士。税理士法人長谷川＆パートナーズ（東京都千代田区）代表社員。

昭和62年に税理士登録をして以来、一貫して中小企業の税務・会計コンサルティングから大企業の組織再編、連結納税コンサルティングまで幅広い業務を行っている。

なお、税理士業務の他に TKC 全国会において以下の活動を行っている。

TKC 全国会　中堅・大企業支援研究会　電子申告義務化支援プロジェクト　リーダー

TKC 全国会　システム委員会　電子申告システム小委員会　委員長

富永　倫教（とみなが　とものり）

株式会社 TKC　執行役員　電子申告義務化プロジェクト推進室長

平成14年度の連結納税制度創設当初から、TKC 連結納税システム（eConsoliTax）のコンサルティング業務に従事し、以来一貫して18年間にわたり中堅・大企業の税務部門に対する税務システムのマーケティングやコンサルティング業務を行っている。

平成30年から電子申告義務化プロジェクト推進室長として、電子申告義務化に関するマーケティングを統括している。

本書の内容に関するご質問は、ファクシミリ等、文書で編集部宛にお願いいたします。(fax 03-6777-3483)

なお、個別のご相談は受け付けておりません。

本書刊行後に追加・修正事項がある場合は、随時、当社のホームページにてお知らせいたします。

詳細解説
電子申告義務化とその対応

令和2年11月10日　初版第一刷印刷
令和2年11月20日　初版第一刷発行

発行所　税務研究会出版局
週刊「税務通信」「経営財務」発行所

代表者　山根　毅

郵便番号 100-0005
東京都千代田区丸の内 1-8-2 鉄鋼ビルディング
振替 00160-3-76223
電話〔書籍編集〕03 (6777) 3463
〔書店専用〕03 (6777) 3466
〔書籍注文〕〈お客さまサービスセンター〉03 (6777) 3450

各事業所　電話番号一覧

北海道 011(221)8348	関信 048(647)5544	中国 082(243)3720
東北 022(222)3858	中部 052(261)0381	九州 092(721)0644
神奈川 045(263)2822	関西 06(6943)2251	

当社ホームページ https://www.zeiken.co.jp

乱丁・落丁の場合は、お取替え致します。　印刷・製本　奥村印刷株式会社

ISBN 978-4-7931-2595-9